Lieblingskuchen aus dem vollen Korn

Frisch gemahlenes Getreide, natürliche
Süßungsmittel, Ei und Fett in reduzierten Mengen
und viel frisches Obst – das sind die Grundzutaten
für Ihre neuen Lieblingskuchen. Ob Klassiker oder
neue Kuchen-Ideen, hier finden Sie von jedem
etwas! Die Kuchen sind locker, leicht, ganz einfach
zuzubereiten und schmecken wirklich wunderbar.
Probieren Sie mal, Sie werden begeistert sein!

Die Farbfotos gestalteten
Odette Teubner
und Kerstin Mosny.

Getreide

Dinkel verwende ich am liebsten zum Backen, denn er läßt sich besonders fein vermahlen und enthält viel Klebereiweiß, das für gute Backeigenschaften verantwortlich ist. Dinkel, die alte Kulturform des Weizens, wird beim Anbau wenig bearbeitet und verträgt keine künstliche Düngung. Daher ist er für den biologischen Anbau hervorragend geeignet. Dinkel ist in den Nährstoffen besonders günstig zusammengesetzt, so daß er auch vom Ernährungswert her sehr zu empfehlen ist. Weizen können Sie immer als Ersatz für Dinkel verwenden, auch wenn es nicht in jedem Rezept angegeben ist. Sie brauchen dann nur etwas weniger Flüssigkeit zuzugeben, da Weizen ein geringeres Quellvermögen hat als der kleberreiche Dinkel.

Buchweizen ist, botanisch gesehen, kein Getreide, sondern ein Knöterich-Gewächs. Er läßt sich aber wie Getreide verwenden. Sein nußartiges Aroma gibt dem Gebäck eine besondere Note.

Hirse ist mild im Geschmack. Sie ist das mineralstoffreichste Getreide und enthält als besondere Inhaltsstoffe Kieselsäure und Fluor. Hirsemehl eignet sich gut für Biskuits.

Hafer wird als Nackthafer spelzenfrei gezüchtet. Hafer schmeckt nußartig und hat ein großes Saugvermögen. Daher werden Haferflocken oder -schrot gerne für Kuchen mit saftigem Obstbelag als Bestandteil des Baiser oder als »Unterlage« verwendet.

Süßungsmittel

Zum Süßen werden in der Vollwertküche natürliche oder möglichst naturbelassene und nicht raffinierte Süßungsmittel empfohlen. Bedenken Sie jedoch beim Süßen immer, daß auch diese sehr sparsam verwendet werden sollen! Zum Kuchenbacken ziehe ich Zuckerrohrgranulat dem Honig vor, da es die Kuchen knuspriger macht und keinen so starken Eigengeschmack hat wie der Honig. Zuckerrohrgranulat ist der getrocknete Saft der Zuckerrohrpflanze, der schonend gewonnen und nicht raffiniert wird. Dieser Vollrohrzucker enthält im Gegensatz zum raffinierten Rübenzucker noch Vitamine und Mineralstoffe. Er schmeckt leicht nach Karamel und verleiht dem Gebäck eine angenehme Süße. Zuckerrohrgranulat süßt intensiv, so daß man es sehr sparsam verwenden kann. Manchmal finden Sie eine ungenaue Mengenangabe im Rezept. Dann hängt die Menge ab von Ihrem Geschmack oder der Süße der verwendeten Früchte. Da das Granulat nicht immer gleichmäßig fein ist, sollten Sie es für Feingebäck aussieben oder am besten im Mixer oder mit dem Blitzhacker pulvrig fein mixen.

Die wichtigsten Getreidesorten (links Mitte im Uhrzeigersinn):
Hafer, Weizen, Hirse, Dinkel und Grünkern, der sich allerdings nur für Streusel und Kuchenbelag eignet.

Honig ist das bekannteste natürliche Süßungsmittel mit wertvollen Inhaltsstoffen (Mineralstoffe, Enzyme), die aber nur voll zur Wirkung kommen können, wenn der Honig nicht erhitzt wird. Honiggesüßtes Gebäck kann, je nach Honigsorte, sehr intensiv schmecken. Daher sollten Sie zum Backen, wenn überhaupt, möglichst helle, milde Honigsorten verwenden.

Fett
Butter ist leicht verdaulich und verleiht dem Gebäck einen feinen Geschmack. Sie enthält reichlich Vitamin A und D und Mineralstoffe.

Ungehärtetes Kokosfett, aus Kokos- oder Palmkernfett erhältlich, ist durch den hohen Gehalt an gesättigten Fettsäuren besonders hitzestabil. Mit einem kleinen Würfel lassen sich Backformen leicht fetten.
Kaltgepreßtes Sonnenblumenöl hat einen wunderbar nussigen Geschmack.

Eier
Sie sollten möglichst von artgerecht gehaltenen und gefütterten Hühnern stammen. Achten Sie auf die Größe der Eier, für die Rezepte können Sie Eier der Gewichtsklasse 4 und 3 verwenden.

Kakao und Carob
Kakao gibt es neuerdings auch aus biologischem Anbau und schonend hergestellt. Carobpulver (Johannisbrotmehl) wird anstelle von Kakao verwendet. Es schmeckt süßer und intensiver als Kakao.

Nüsse, Samen und Trockenfrüchte
Nüsse und Samen sollten Sie immer aus neuer Ernte verwenden und erst kurz vor der Verwendung zerkleinern, da sie wegen des hohen Fettgehalts schnell ranzig werden können.
Rosinen, Sultaninen, Aprikosen, Datteln, Feigen und andere getrocknete Früchte werden in der Vollwertküche gerne als Süßungsmittel eingesetzt. Achten Sie darauf, daß die Früchte ungeschwefelt sind. Nach Möglichkeit sollten Sie Rosinen, Sultaninen und Korinthen vor der Verwendung (aus hygienischen Gründen) kurz überbrühen.

Zitrone
Früchte, deren Schale abgerieben wird, müssen immer unbehandelt sein. Waschen Sie trotzdem die Früchte vorher heiß ab und reiben Sie sie trocken. Anstelle der frischen Zitronenschale können Sie auch 5–10 Tropfen natürliches Zitronenöl verwenden.

Agar-Agar
ist ein pflanzliches Geliermittel, das aus Meeresalgen gewonnen wird. Es eignet sich zur Herstellung von Tortengüssen, Cremes und Gelees.

Zitronenschale, Nüsse, Trockenfrüchte und Samen wie hier Sesam sind wichtige Geschmackszutaten beim Vollkornbacken.

Getreidemühle

Sie können ganzes Getreide beim Kauf im Naturkostladen oder Reformhaus gleich mahlen lassen. Wenn Sie jedoch viel Vollkornmehl oder -schrot verwenden, lohnt sich der Kauf einer Getreidemühle, denn mit einer eigenen Getreidemühle können Sie das Getreide im gewünschten Feinheitsgrad kurz vor der Verwendung frisch mahlen. So haben Sie die Garantie, daß die im Korn enthaltenen Vitalstoffe noch so weit wie möglich erhalten sind. Auch haben Sie die Möglichkeit, das Getreide vor dem Mahlen zu sichten und dabei eventuelle Verunreinigungen wie Samen, Mutterkorn oder Steine auszusortieren (siehe wichtigen Hinweis Seite 64).

Getreidemühlen gibt es in unterschiedlichen Ausführungen: als Handmühle, als Mühle mit elektrischem Antrieb und als relativ preiswerte Vorsatzgeräte zu den meisten Küchenmaschinen und elektrischen Gemüseraffeln. Lassen Sie sich im Fachhandel beraten, welche Mühlengröße für Ihren Haushalt ausreicht. Achten Sie bei der Auswahl der Mühle darauf, daß sich sehr feines Mehl ausmahlen läßt und daß sich die Maschine zum gelegentlichen Reinigen leicht zerlegen läßt.

Handrührgerät oder Küchenmaschine

Sie erleichtern die Rührarbeit. Sehr praktisch zum Kuchenbacken sind die sogenannten Kompakt-Küchenmaschinen, die mit einem rotierenden Messer sowohl Teige rühren und kneten als auch Nüsse und Obst mittelgrob oder fein zerkleinern können. Mit einem Zusatzgerät können Sie mit diesen kleinen, aber doch leistungsstarken Maschinen auch Getreide fein mahlen.

Auch im Blitzhacker lassen sich Nüsse, grobes Zuckerrohrgranulat und frische und getrocknete Früchte sehr einfach und schnell mittelgrob oder fein zerkleinern. Mit einer sogenannten Mandelmühle können Sie Nüsse jeder Sorte sehr fein reiben.

Backformen

Backformen gibt es aus vielen verschiedenen Materialien in unterschiedlichen Preisklassen: aus Schwarz- oder Weißblech, mit Beschichtungen aus Teflon oder Silikon, aus Keramik, feuerfestem Porzellan, Glas und Kunststoff. Für kleine Törtchen gibt es auch Einwegförmchen aus Papier.

Da das Backergebnis zum guten Teil auch vom Backofen und von der Beheizungsart abhängig ist, ist es sehr schwierig, eine allgemeingültige Empfehlung für bestimmte Formen zu geben. Bei Untersuchungen haben jedoch Weißblechformen weniger gute Backergebnisse aufgewiesen und die silikonbeschichteten Formen besonders gute Ergebnisse gezeigt. Ferner ist zu beachten, daß Formen aus Glas, Keramik und Porzellan sehr schlechte Wärmeleiter sind und man eine etwas höhere Temperatur einstellen muß. Weißblechformen reflektieren die Ofenhitze, dadurch verlängert sich die Backzeit oft um 10–20 %. Formen aus Schwarzblech oder dunkel gefärbtem Stahlblech sind am gebräuchlichsten. Sie nehmen die Hitze gut auf und geben sie gleich an den Teig weiter. Die gängigen Formen, die auch in diesem Buch verwendet werden, sind:
Springform von 26 und 28 cm Durchmesser, eventuell mit Napfkucheneinsatz,
Kastenform von 30 cm Länge,
Backblech.
Schön sehen Obstböden aus, die in Obstkuchenformen mit gewelltem Rand gebacken sind. Allerdings lassen sich manche Teige (Biskuit) nicht daraus lösen.
Wichtig für ein gutes Backergebnis ist auch, daß Sie Backformen immer nur mit heißem Wasser, nie mit Spülmittel reinigen. Sonst wird die (erwünschte) Fettschicht zu sehr entfernt, und der Kuchen setzt leichter an.

Alle nützlichen Backhelfer und -geräte sind hier auf einen Blick versammelt.

Weitere Backhelfer

Die Palette ist ein hilfreiches Gerät, wenn Sie den Kuchen vom Blech lösen oder beim Auswellen Teigplatten vom Untergrund lösen wollen. Speziell für Kuchen gibt es die sogenannten Kuchenretter, Paletten in Kuchengröße, mit denen man den Kuchen sicher und einfach vom Blech heben kann.

Wichtig sind außerdem ein Kuchengitter, worauf der fertige Kuchen gut auskühlen kann, ohne Schwitzwasser zu bilden. Und ein Tortenring, der cremige Füllungen zusammenhält. Backpapier, Pergamentpapier oder Dauerbackfolie ist vor allem beim Biskuitbacken eine große Hilfe. Backpapier können Sie übrigens mehrfach,

Dauerbackfolie bis zu 1000 mal verwenden.

Küchenwaage
Sehr praktisch sind Waagen mit Zuwiegetechnik, wobei Sie mehrere Zutaten in einer Schüssel nacheinander wiegen können, ohne umzufüllen. Am genauesten sind Waagen mit digitaler Anzeige.

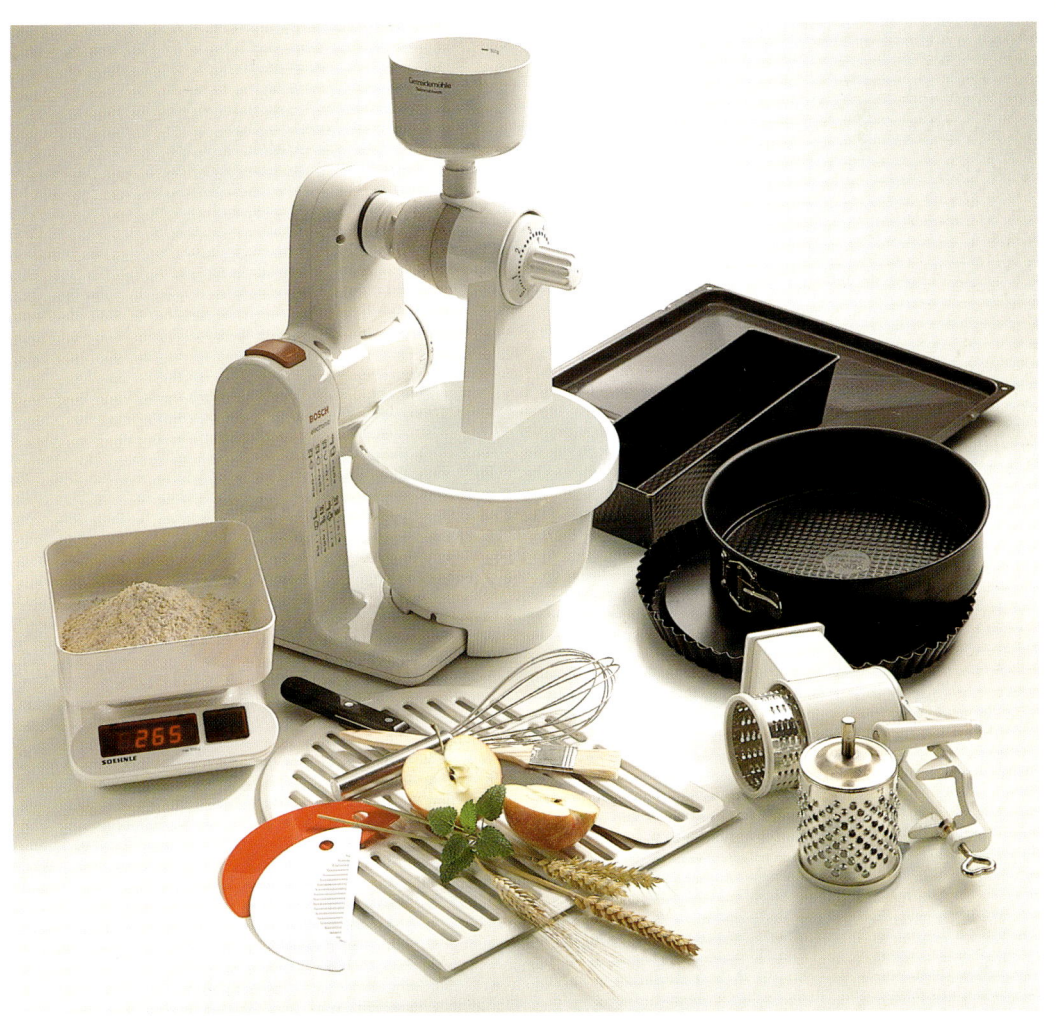

Vorbereitung leicht gemacht

• Um zügig arbeiten zu können, sollten Sie als erstes alle Zutaten abwiegen und bereitstellen. Bei Rührteigen ist es außerdem wichtig, daß alle Zutaten die gleiche, nämlich Zimmertemperatur haben. Also die Zutaten rechtzeitig aus dem Kühlschrank nehmen.

• Wiegen Sie die Zutaten immer mit der Waage. Ein Meßbecher ist für die Vollwertküche zu ungenau, da zum Beispiel Weizenkörner ein anderes Raummaß haben als Weizenmehl, frisch gemahlenes Mehl ein anderes Volumen als Mehl aus der Tüte und Zuckerrohrgranulat ein anderes als weißer Kristallzucker.

• Die Flüssigkeitsmengen sind der Genauigkeit halber in l oder in ccm angegeben. Wenn Sie keinen Meßbecher mit ccm-Skala haben, wiegen Sie die Flüssigkeit ab: 1 ccm entspricht etwa 1 g.

• Achten Sie auf die Größe der Eier. Ich habe bei den Rezepten Eier der Handelsklasse 4 und 3 (55–65 g) verwendet. Falls Sie größere Eier verwenden möchten, richten Sie sich nach dem Ei-Gewicht und verwenden Sie eventuell ein Ei weniger oder aber etwas mehr Getreide.

Schlagen Sie die Eier immer in einem separaten Gefäß auf, bevor Sie sie in den Teig geben. So können eventuell verdorbene Eier oder Schalenteile problemlos aussortiert werden. Zum Trennen der Eier gibt es praktische Ei-Trenner, die besonders bei dünnschaligen Eiern hilfreich sein können.

• Die Buttermenge können Sie ganz einfach durch Teilen des Butterstückes ermitteln: 125 g Butter erhalten Sie, indem Sie das Butterstück halbieren und etwa 60 g durch Vierteln des Stücks.

• Zum Fetten der Form verwenden Sie ein Stück ungehärtetes Kokosfett oder das Butterpapier mit anhaftenden Butterresten.

Vorheizen oder nicht?

Fachleute empfehlen, den konventionellen Elektro-Backofen vorzuheizen, da es bei den verschiedenen Backofen-Modellen unterschiedlich lange dauern kann, bis die gewünschte Temperatur erreicht ist. Umluft- und Gasbacköfen brauchen überhaupt nicht vorgeheizt zu werden.

Außer bei Biskuitteigen reicht es, den Backofen etwa 5 Minuten vorher anzustellen, damit der Kuchen nicht in den kalten Backofen gestellt wird. Wenn Sie nicht vorheizen möchten, backen Sie den Kuchen etwa 5 Minuten länger als im Rezept angegeben. Nur Biskuitteige sollten erst eingeschoben werden, wenn die Backtemperatur erreicht ist. Hefeteige können Sie in den kalten Backofen schieben, da die ansteigende Hitze den Hefeteig noch etwas aufgehen läßt.

Backtemperaturen

Backöfen können je nach Herdtyp bei gleicher Einstellung unterschiedliche Backergebnisse bringen. Daher können die Angaben für Temperaturen und Backzeiten in diesem Buch nur Richtwerte sein. Sie gelten für einen konventionellen Backofen mit Ober- und Unterhitze. In Klammern habe ich zusätzlich die Temperaturen beziehungsweise Heizstufen für den Umluft- und den Gasherd angegeben.

Garprobe

Um festzustellen, ob Kuchen auch in der Mitte durchgebacken sind, stecken Sie gegen Ende der Backzeit ein Holzstäbchen in die Mitte des Kuchens und ziehen es wieder heraus. Bleiben keine feuchten Teigspuren am Stäbchen haften, so ist der Kuchen fertig. Bei Biskuitplatten testen Sie mit dem Finger: Drücken Sie leicht auf die Platte. Bleibt nichts am Finger haften, so ist der Biskuit gar.

Wenn der Kuchen fertig ist

Nach dem Backen sollten Sie den Kuchen noch etwa 5 Minuten in der Form stehenlassen. Dann können Sie den Kuchen leichter aus der Form stürzen (vor allem bei Kastenformen), beziehungsweise den Springformrand ablösen und den Kuchen möglichst mit einer breiten Palette von dem Boden der Form abheben. Warme Kuchen sollten auf einem Kuchengitter auskühlen, damit sie schön knusprig bleiben.

Viel frisches Obst, Vollgetreide und naturbelassene Zutaten – wer kann da dem Kuchen widerstehen?

Versunkener Apfelkuchen

Dieser Kuchen schmeckt mit vielen saftigen Fruchtsorten zu allen Jahreszeiten. Besonders gut passen außer Äpfeln Birnen oder Kirschen.

Zutaten für eine Springform
von 26 cm Ø:
Für den Teig:
50 g Haselnüsse oder Mandeln
125 g weiche Butter
100 g Zuckerrohrgranulat
oder 125 g heller Honig
1 Prise Salz
2 Eier
1–2 Teel. abgeriebene Zitronen-
schale oder 10 Tropfen Zitronenöl
200 g Dinkel oder Weizen,
fein gemahlen
2 Teel. Backpulver
3–4 Eßl. Sahne oder Apfelsaft
Für die Füllung:
2–3 große Äpfel
1 Eßl. Zitronensaft
2 Eßl. Sonnenblumenkerne oder
Mandelblättchen
Für die Form:
ungehärtetes Kokosfett oder Butter

Für Ungeübte • Schnell

Bei 12 Stück pro Stück etwa:
1000 kJ/240 kcal
4 g Eiweiß ·15 g Fett
25 g Kohlenhydrate
3 g Ballaststoffe

• Zubereitungszeit: etwa
  1 Stunde (davon
  35–40 Minuten Backzeit)

1. Für den Teig die Nüsse oder Mandeln fein reiben oder grob hacken, je nach Ge-schmack. Die Butter, das Granulat oder den Honig und das Salz mit den Rührbesen des Rührgerätes in 1–2 Minuten cremig rühren. Die Eier nach und nach einrühren und die Masse noch 1–2 Minuten weiterrühren.

2. Die Nüsse oder die Mandeln und die Zitronenschale oder das -öl dazugeben. Das Mehl mit dem Backpulver vermischen und dazugeben. Die Sahne oder den Apfelsaft an-gießen und alles in wenigen Sekunden zu einem geschmei-digen Rührteig verrühren. Der Teig sollte so weich sein, daß er schwer reißend vom Löffel gleitet. Eventuell noch etwas Flüssigkeit dazugeben.

3. Die Form einfetten. Den Backofen auf 190° vorheizen.

4. Für den Belag die Äpfel waschen, schälen, vierteln und von den Kerngehäusen befrei-en. Die gewölbten Seiten mit einem Messer mehrmals längs einritzen. Die Äpfel in einer Schüssel mit dem Zitronensaft benetzen.

5. Den Teig in die Form geben und glattstreichen. Die Apfel-stücke mit der eingeritzten Sei-te nach oben rosettenartig auf dem Teig verteilen. Die Sonnen-blumenkerne oder die Mandel-blättchen über die Äpfel und den Teig streuen.

6. Den Kuchen im Backofen (Mitte) in 35–40 Minuten (Um-luft 175°, Gas Stufe 2 1/2) backen.

Variante:

Mit dem Rezept für den Teig können Sie auch in einer gut gefetteten Obstkuchenform ei-nen Boden für Obsttorten bak-ken, den Sie dann mit frischen Früchten belegen können. Oder jeweils etwa 1 Eßlöffel Teig in Papierbackförmchen geben, mit Obst belegen und 10–15 Minuten backen.

Tip!

Achten Sie bei dieser (klassischen) Zubereitung von Rührteigen darauf, daß alle Zutaten etwa die gleiche Temperatur haben. Falls Sie mal vergessen haben, Butter und Eier rechtzeitig aus dem Kühl-schrank zu nehmen, kön-nen Sie sie durch Einlegen in warmes Wasser auf Zimmertemperatur brin-gen. Oder Sie lassen die Butter im Backofen flüssig, aber nicht heiß werden und rühren sie am Schluß zusammen mit dem Mehl in den Teig.

Mit dem unkomplizierten Versunkenen Apfelkuchen können Sie immer Staat machen.

Bananen-Kokos-Kuchen

Zutaten für eine Kastenform
von 30 cm Länge:
200 g Butter
4 mittelgroße reife Bananen
60 g feines Zuckerrohrgranulat
2 Eier
1 Prise Zimt- oder Nelkenpulver
3 Teel. Backpulver
300 g Dinkel, fein gemahlen
100 g Kokosflocken
oder Nüsse fein gerieben
Für die Form:
ungehärtetes Kokosfett oder Butter
1 Eßl. geschälte Sesamsamen

Für Ungeübte
Gelingt leicht

Bei 12 Stück pro Stück etwa:
1300 kJ/310 kcal
5 g Eiweiß · 18 g Fett
34 g Kohlenhydrate
4 g Ballaststoffe

- Zubereitungszeit: etwa
  1 1/2 Stunden (davon
  1 Stunde Backzeit)

1. Den Backofen auf 190°
vorheizen. Die Butter in einer
Schüssel hineinstellen und
weich, nicht flüssig werden
lassen. Die Form fetten und mit
dem Sesam ausstreuen. Die
Bananen zerdrücken.

2. Das Granulat, die Eier,
den Zimt, das mit dem Backpulver vermischte Mehl, die
Kokosflocken oder die Nüsse,
die Bananen und die Butter
in etwa 1 Minute gründlich
verrühren und in die Form
füllen.

3. Den Kuchen im Backofen
(Mitte) etwa 1 Stunde (Umluft
175°, Gas Stufe 2 1/2) backen.

Kirschkuchen

Zutaten für eine Springform
von 26 cm Ø:
500 g Süß- oder Sauerkirschen,
frisch oder eingemacht
60 g Dinkel oder Weizen,
mittelgrob geschrotet
40 g Hafer, mittelfein geschrotet
oder feine Vollkornhaferflocken
50 g Mandeln oder Haselnüsse,
frisch gerieben
50 g beliebige Schokolade,
fein gerieben oder Carobpulver
1/2 Teel. Zimtpulver, nach Belieben
auch Nelkenpulver
2 Eßl. Kirschwasser oder Rum
nach Belieben
1–2 Teel. abgeriebene
Zitronenschale
4 Eiweiß
1 Prise Salz
1–2 Teel. Zitronensaft
4 Eßl. heißes Wasser
100 g Zuckerrohrgranulat
4 Eigelb
Für die Form:
Backpapier
3 Eßl. Mandelblättchen

Raffiniert • Schnell

Bei 12 Stück pro Stück etwa:
720 kJ/170 kcal
5 g Eiweiß · 8 g Fett
21 g Kohlenhydrate
2 g Ballaststoffe

- Zubereitungszeit: etwa
  1 Stunde (davon
  30–35 Minuten Backzeit)

1. Die Kirschen entsteinen oder
abtropfen lassen. Den Boden
der Form mit Backpapier auslegen und dick mit den Mandelblättchen bestreuen.

2. Den Dinkel- oder Weizen-
schrot, den Haferschrot oder
die -flocken, die Nüsse, die
Schokolade oder den Carob,
den Zimt, eventuell das Kirschwasser oder den Rum und die
Zitronenschale in einer Schüssel vermischen.

3. Den Backofen auf 190°
vorheizen.

4. Die Eiweiße in einer großen
Rührschüssel mit dem Salz, dem
Zitronensaft und dem Wasser
zu steifem Schnee schlagen.

5. Das Granulat und die Eigelbe nach und nach unterrühren. Noch 1–2 Minuten
weiterschlagen, bis eine feste,
cremige Masse entstanden
ist, in der Rührspuren sichtbar
bleiben.

6. Die gemischten Zutaten und
die Kirschen auf die Schaummasse geben und mit dem
Schneebesen vorsichtig unterheben. Die Masse in die Form
gleiten lassen. Den Kuchen im
Backofen (Mitte) in 30–35 Minuten (Umluft 175°, Gas Stufe
2 1/2) goldbraun backen.

Im Bild vorne: Kirschkuchen
Im Bild hinten: Bananen-Kokos-Kuchen

Gewürzkuchen mit Äpfeln

Dieser Kuchen schmeckt auch nach 2–3 Tagen gut, da er durch die Äpfel saftig bleibt!

Zutaten für eine Kastenform

von 30 cm Länge:

125 g weiche Butter

125 g Zuckerrohrgranulat

oder 150 g heller Honig

2 Eier

1 Prise Salz

1 Teel. gemahlene Vanille

1 Eßl. Zimtpulver

1 Teel. Nelkenpulver

1/2 Teel. Muskatblüte

2 Eßl. gesiebtes Kakao-

oder Carobpulver

125 g Haselnüsse oder Walnüsse,

frisch gerieben

250 g Dinkel oder Weizen,

fein gemahlen

3 Teel. Backpulver

1–2 Eßl. Rum oder Sahne

400 g Äpfel

Für die Form:

ungehärtetes Kokosfett oder Butter

1 Eßl. Vollkornschrot

oder gepuffte Amaranthsamen

Für Ungeübte
Gelingt leicht

Bei 12 Stück pro Stück etwa:
1200 kJ/290 kcal
6 g Eiweiß · 18 g Fett
29 g Kohlenhydrate
3 g Ballaststoffe

- Zubereitungszeit: etwa
  1 1/2 Stunden (davon
  1 Stunde Backzeit)

1. Die Butter und das Granulat oder den Honig mit den Rührquirlen des Rührgerätes in 1–2 Minuten cremig rühren. Die Eier nach und nach einrühren und die Masse noch 1–2 Minuten weiterrühren.

2. Das Salz, die Vanille, den Zimt, die Nelken, die Muskatblüte und das Kakao- oder Carobpulver sowie die Nüsse einrühren.

3. Das Mehl mit dem Backpulver vermischen und mit dem Rum oder der Sahne unterrühren. Den Teig etwa 15 Minuten quellen lassen.

4. Inzwischen die Form fetten und mit dem Schrot oder den Samen ausstreuen. Den Backofen auf 190° vorheizen.

5. Die Äpfel waschen, schälen, vierteln, vom Kerngehäuse befreien und in 2–3 mm feine Scheiben schneiden oder mittelfein raspeln. Die Äpfel sofort in den Teig einrühren. Der Teig soll geschmeidig sein und schwer reißend vom Löffel gleiten. Eventuell noch etwas Sahne oder Rum einrühren.

6. Den Teig in die vorbereitete Form gleiten lassen und glattstreichen. Den Kuchen im Back-

Tip!

Diesen Teig können Sie, wie alle weichen Rührteige, auch sehr gut portionsweise in einem Waffeleisen backen.

ofen (Mitte) in etwa 1 Stunde (Umluft 175°, Gas Stufe 2 1/2) mittelbraun backen.

Varianten:

Statt der Äpfel können Sie auch etwa 300 g geraspelte Zucchini oder Möhren verwenden. Oder nehmen Sie statt der Äpfel 1/8 l Rotwein. Dann die Sahne oder den Rum weglassen. Der Teig hat auch hier die richtige Konsistenz, wenn er schwer reißend vom Löffel gleitet.
Sie können den Kuchen auch in einer Ringform von 26 cm Durchmesser backen.

Apfelraspel oder -scheiben werden in den Teig für den Gewürzkuchen gerührt. So wird der Kuchen schön saftig und hält sich einige Tage.

Gedeckter Apfelkuchen mit Nüssen

Zutaten für eine Springform
von 24–26 cm Ø:

Für den Teig:

350 g Dinkel oder Weizen,
fein gemahlen

2 Teel. Backpulver

100 g Zuckerrohrgranulat

1 Prise Salz

1/2 Teel. gemahlene Vanille

1 Ei

1–2 Eßl. Milch

125 g kühle Butter

Für den Belag:

3–4 Eßl. Korinthen oder
ungeschwefelte Rosinen

2–3 Eßl. Pinienkerne oder
Walnußkerne, grob gebrochen

1–1,2 kg säuerliche Äpfel
(zum Beispiel Boskop)

3–4 Eßl. Zitronensaft

1 Eßl. Zimtpulver

2–3 Eßl. Aprikosen- oder
Erdbeermarmelade

Für die Form:

Butter oder ungehärtetes Kokosfett

Zum Bestreichen:

2–3 Eßl. Sahne

Spezialität aus Italien

Bei 12 Stück pro Stück etwa:
1200 kJ/290 kcal
5 g Eiweiß · 13 g Fett
40 g Kohlenhydrate
4 g Ballaststoffe

• Zubereitungszeit: etwa
  2 Stunden (davon
  45 Minuten Kühlzeit und
  30–35 Minuten Backzeit)

1. Für den Teig das Mehl mit dem Backpulver vermischt auf die Arbeitsfläche oder in eine Rührschüssel geben. In die Mitte eine Mulde eindrücken. Das Granulat, das Salz, die Vanille, das Ei und die Milch in der Mulde verrühren. Die Butter in Stückchen aufsetzen.

2. Alle Zutaten auf der Arbeitsfläche mit einem großen Messer oder einer Palette (oder den Knethaken des Rührgeräts) zu einer bröseligen Masse verarbeiten.

3. Die Brösel rasch mit kühlen Händen zu einer Kugel zusammenkneten. Den Teig in zwei Drittel und ein Drittel aufteilen, jeweils zu einer flachen Kugel formen und etwa 45 Minuten kühl, aber nicht zu kalt, stellen. Der Teig soll noch formbar bleiben.

4. Für den Belag die Rosinen überbrühen. Die Kerne in einer trockenen Pfanne unter Wenden rösten. Die Äpfel waschen, schälen, vierteln, vom Kerngehäuse befreien und in 3–4 mm feine Scheiben schneiden. Mit dem Zitronensaft, den Kernen, den abgetropften Rosinen und dem Zimt vermischen.

5. Den Backofen auf 190° vorheizen. Die Form leicht fetten. Die große Teigkugel in die Mitte der Form legen und mit den Fingern zu einem gleichmäßigen Boden ausdrükken. Dabei einen etwa 3 cm hohen Rand formen.

Variante:

Dieses Rezept schmeckt auch sehr gut mit anderen Saisonfrüchten, wie zum Beispiel Birnen, Kirschen oder Aprikosen. Interessant schmeckt auch eine Füllung jeweils zur Hälfte aus Äpfeln und Erdbeeren.

6. Den Boden mit der Marmelade bestreichen. Das vorbereitete Obst darauf verteilen.

Tip!

Wenn Sie für die Füllung sehr saftreiche Früchte, wie zum Beispiel Kirschen, verwenden möchten, so rühren Sie 1–2 Eßlöffel Wildpfeilwurzel- oder Kartoffelmehl in etwas Wasser an. Darin kochen Sie die entsteinten Kirschen oder anderes vorbereitetes Obst auf, damit der Kirschsaft gebunden wird und der Kuchen nicht durchfeuchten kann. Bei solch saftigen Belägen können Sie auf den Kuchenboden auch noch zusätzlich 2–3 Eßlöffel geriebene Nüsse oder in wenig Butter angeröstete Haferflocken streuen.

7. Für den »Deckel« den restlichen Teig auf einem Stück Pergamentpapier oder Klarsichtfolie in der Größe der Springform auswellen. Mit einem Teller als »Schablone« ausschneiden und auf den Kuchen legen. Die Folie oder das Papier abziehen, den Rand andrücken.

8. Die Oberfläche mit der Sahne bestreichen. Den Kuchen im Backofen (Mitte) in 30–35 Minuten (Umluft 175°, Gas Stufe 2 1/2) goldbraun backen.

sehr gut

Zwetschgen-kuchen

Für Dinkelteig brauchen Sie 150 ccm Milch, bei Weizen nur 125 ccm.

Zutaten für eine Springform
von 26 cm Ø oder ein Backblech:
Für den Teig:
125–150 ccm lauwarme Milch
20 g Hefe (1/2 Würfel)
30 g Zuckerrohrgranulat
1 Prise Salz
1 Ei
250 g Dinkel oder Weizen,
fein gemahlen
40 g weiche Butter
1 Teel. abgeriebene Zitronenschale
oder 5 Tropfen Zitronenöl
Für den Belag:
750 g–1 kg Zwetschgen
20 g Butter
25–50 g Mandelblättchen
oder Sonnenblumenkerne
Zum Bestreuen:
1 Teel. Zimt, nach Belieben mit
1 Eßl. Zuckerrohrgranulat gemischt
Für das Blech:
ungehärtetes Kokosfett oder Butter
1 Eßl. Mehl
oder Sonnenblumenkerne

Braucht etwas Zeit

Bei 12 Stück pro Portion etwa:
730 kJ/170 kcal
4 g Eiweiß · 7 g Fett
24 g Kohlenhydrate
3 g Ballaststoffe

- Zubereitungszeit: etwa
  1 1/2 Stunden (davon
  30–35 Minuten Backzeit)

1. Für den Teig in einer Rühr-schüssel die Milch, die zer-bröckelte Hefe, das Granulat, das Salz und das Ei verrühren.

2. Das Mehl unterrühren. Die Butter in Flöckchen und die Zitronenschale oder das -öl dazugeben. Alles mit den Knethaken des Rührgerätes in 2–3 Minuten oder von Hand in 5–6 Minuten verkneten. Der Teig soll glänzen, sich von der Schüssel lösen und geschmei-dig sein. Eventuell noch 1 Eß-löffel Milch oder Mehl einar-beiten. Den Teig mit etwas Mehl bestäuben und zuge-deckt 20–30 Minuten gehen lassen, bis sich das Volumen etwa verdoppelt hat.

3. Inzwischen die Form oder das Blech gründlich fetten und mit dem Mehl oder den Son-nenblumenkernen ausstreuen.

4. Für den Belag die Zwetsch-gen waschen, abtropfen las-sen und vom Stein befreien.

5. Den gegangenen Teig kurz durchkneten, zu einer Kugel formen und auf dem Boden der Springform oder dem Blech mit den Händen zu ei-nem gleichmäßig dicken Bo-den ausdrücken. Den Teig nochmal 5–10 Minuten gehen lassen.

6. Die Zwetschgen gleichmä-ßig auf dem Teigboden vertei-len. Die Butter in Flöckchen auf den Belag setzen und die Mandelblättchen oder die Sonnenblumenkerne darüber streuen.

7. Den Backofen auf 190° (Umluft 175°, Gas Stufe 2 1/2) einstellen. Den Kuchen im Backofen (Mitte) in 30–35 Minuten backen, bis der Bo-den und die Ränder knusprig und braun sind.

8. Den Kuchen auf ein Kuchengitter geben und aus-kühlen lassen. Die Zimt-Granulat-Mischung darüber streuen.

Variante:
Zwetschgenstreusel
150 g feingemahlenen Dinkel oder Weizen, 75 g Zucker-rohrgranulat, 75 g Butter und 1 Messerspitze Zimtpulver mit den Händen oder den Knethaken des Rührgerätes zu einer krümeligen Masse verar-beiten und statt der Butter und Mandelblättchen auf dem Kuchen verteilen.

Tip!

Die angegebene Teig-menge ergibt auf dem Blech gebacken einen ganz dünnen knusprigen Boden. Wenn Sie einen dicken Boden bevorzu-gen, bereiten Sie die dop-pelte Teigmenge zu.

Mit wirklich reifen Zwetschgen wird
der Zwetschgenkuchen ganz
natürlich süß.

Aprikosen-biskuit

Zutaten für eine Springform
von 26 cm Ø:

3 Eiweiß · 1 Prise Salz

6 Eßl. heißes Wasser

100 g Zuckerrohrgranulat

3 Eigelb

1 Teel. abgeriebene Zitronenschale

150 g Hirse oder Buchweizen,
fein gemahlen

1/2 Teel. Backpulver

400 g Aprikosen oder Pfirsiche,
halbiert und enthäutet

Für die Form:

Pergamentpapier

Schnell

Bei 12 Stück pro Stück etwa:
470 kJ/110 kcal
3 g Eiweiß · 2 g Fett
20 g Kohlenhydrate
1 g Ballaststoffe

- Zubereitungszeit: etwa
  40 Minuten (davon
  25–30 Minuten Backzeit)

1. Das Pergamentpapier in die Springform einspannen. Den Backofen auf 180° vorheizen.

2. Die Eiweiße mit dem Salz und dem Wasser zu steifem Schnee schlagen.

3. Das Granulat und die Eigelbe nach und nach unterrühren. Noch 1–2 Minuten rühren, bis eine feste, cremige Masse entstanden ist.

4. Die Zitronenschale dazugeben. Das Mehl mit dem Backpulver vermischen, auf die

Schaummasse geben und alles mit dem Schneebesen vorsichtig unterheben. Die Masse in die Form füllen und die Aprikosenhälften dekorativ auf den Teig setzen.

5. Den Biskuit im Backofen (Mitte) in 25–30 Minuten (Umluft 160°, Gas Stufe 2) hellbraun backen. Den fertigen, ausgekühlten Kuchen nach Belieben mit Wildpfeilwurzelmehl bestäuben.

Mohnbiskuit

Zutaten für eine Springform
von 26 cm Ø:

50 g ungeschwefelte Rosinen

2 Eßl. Rum nach Belieben

4 Eiweiß · 1 Prise Salz

8 Eßl. heißes Wasser

125 g Zuckerrohrgranulat

4 Eigelb

1 Teel. abgeriebene Zitronenschale

150 g Mohn, fein gemahlen

50 g Dinkel, fein gemahlen

1/2 Teel. Backpulver

50 g Zitronat oder getrocknete
Aprikosen, fein gewürfelt

Für die Form:

Pergamentpapier

Zum Bestreuen:

1 Teel. Wildpfeilwurzelmehl

1 Teel. fein gemahlenes
Zuckerrohrgranulat

Gelingt leicht

Bei 12 Stück pro Stück etwa:
680 kJ/160 kcal
6 g Eiweiß · 7 g Fett
19 g Kohlenhydrate
4 g Ballaststoffe

- Zubereitungszeit: etwa
  50 Minuten (davon
  25–30 Minuten Backzeit)

1. Die Rosinen überbrühen, 1–2 Minuten ziehen lassen, eventuell abgießen und mit dem Rum in eine Tasse geben, oder im Wasser lassen.

2. Das Pergamentpapier in die Springform einspannen. Den Backofen auf 180° vorheizen.

3. Die Eiweiße mit dem Salz und dem Wasser steif schlagen.

4. Das Granulat und die Eigelbe nach und nach unterrühren. Noch 1–2 Minuten rühren, bis eine feste, cremige Masse entstanden ist, in der Rührspuren sichtbar bleiben.

5. Die Zitronenschale dazugeben. Den Mohn und das Mehl mit dem Backpulver vermischen, auf die Schaummasse geben, die Rosinen mit dem Rum und das Zitronat oder die Aprikosen dazugeben und alles mit dem Schneebesen vorsichtig unterheben. Die Masse in die Form füllen.

6. Den Kuchen im Backofen (Mitte) in 25–30 Minuten (Umluft 160°, Gas Stufe 2) backen.

Im Bild vorne: Aprikosenbiskuit
Im Bild hinten: Mohnbiskuit

Bunter Obstkuchen

Sie können den Kuchen auch in der doppelten Menge auf einem Blech oder in der Fettpfanne backen.

Zutaten für eine Springform
von 26 cm Ø:
125 g weiche Butter
100–125 g Zuckerrohrgranulat,
je nach Süße der Früchte
1/2 Teel. gemahlene Vanille
1 Prise Salz
3 Eier
150 g Dinkel oder Weizen,
fein gemahlen
150 g Hafer, mittelgrob geschrotet
oder feine Vollkornhaferflocken
2 Teel. Backpulver
3–4 Eßl. Sahne oder Apfelsaft
1 Teel. abgeriebene Zitronenschale
oder 10 Tropfen Zitronenöl
1 Banane
200 g Johannisbeeren oder
Rhabarber
2 große Pfirsiche oder Nektarinen
1 Eßl. Haferflocken oder
geriebene Nüsse
Für die Form und zum Bestreuen:
ungehärtetes Kokosfett oder Butter
2 Eßl. Sonnenblumenkerne oder
100 g Mandelblättchen

Gelingt leicht · Schnell

Bei 12 Stück pro Stück etwa:
1300 kJ/310 kcal
7 g Eiweiß · 17 g Fett
33 g Kohlenhydrate
4 g Ballaststoffe

• Zubereitungszeit: etwa
  1 Stunde (davon
  35–40 Minuten Backzeit)

1. Die Butter mit dem Granulat, der Vanille und dem Salz mit den Quirlen des Rührgeräts in 1–2 Minuten cremig rühren. Die Eier nach und nach einrühren.

2. Das Mehl und den Haferschrot oder die -flocken mit dem Backpulver vermischen und in die Schüssel geben. Die Sahne oder den Apfelsaft und die Zitronenschale oder das -öl dazugeben und alles in wenigen Sekunden gründlich verrühren. Der Teig soll geschmeidig und streichfähig sein und schwer reißend vom Löffel gleiten.

3. Den Backofen auf 190° vorheizen. Die Form einfetten und mit der Hälfte der Sonnenblumenkerne oder der Mandeln ausstreuen.

4. Die Banane schälen und in etwa 1/2 cm dicke Scheiben schneiden. Die Johannisbeeren waschen und von den Stielen streifen oder den Rhabarber waschen, wenn nötig, schälen und in etwa 2 cm lange Stücke teilen. Die Pfirsiche waschen, halbieren, vom Kern drehen und in kleine Spalten oder Stücke schneiden.

5. Etwa drei Viertel des Teiges in die Form geben. Einen Teigschaber oder Löffel in Wasser tauchen und damit den Teig glattstreichen. Die Haferflocken oder die Nüsse darüber streuen. Die Fruchtstücke darauf verteilen. Den restlichen Teig in 5–6 Portionen daraufsetzen. Die restlichen Sonnenblumenkerne oder Mandelblättchen darüber streuen.

6. Den Kuchen im Backofen (Mitte) in 35–40 Minuten (Umluft 175°, Gas Stufe 2 1/2) goldbraun backen.

Variante:

Für diesen Kuchen eignen sich fast alle Obstsorten, sowohl einzeln als auch gemischt. Man benötigt insgesamt etwa 500 g Früchte. Besonders gut schmecken auch die Varianten mit Äpfeln, Birnen und Zwetschgen. Lassen Sie Ihrer Fantasie einfach freien Lauf, und kombinieren Sie süße und säuerliche Früchte gemischt je nach Jahreszeit und Geschmack.

Schön bunt wird der Obstkuchen, wenn Sie verschiedene Obstsorten auf den Teig setzen, zum Beispiel Johannisbeeren und Pfirsiche. Es eignet sich aber fast jedes Obst.

Mascarpone-kuchen mit Heidelbeeren

Zutaten für eine Springform
von 26 cm Ø:
400 g Heidelbeeren
250 g Mascarpone
4 EßI. Milch oder Sahne
4 EßI. Öl
4 EßI. Zuckerrohrgranulat
1 Prise Salz
200 g Dinkel, fein gemahlen
3 Teel. Backpulver
1/2 Teel. gemahlene Vanille
Für die Form:
ungehärtetes Kokosfett oder Butter

Schnell • Gelingt leicht

Bei 12 Stück pro Stück etwa:
800 kJ/190 kcal
5 g Eiweiß · 10 g Fett
20 g Kohlenhydrate
3 g Ballaststoffe

* Zubereitungszeit: etwa
1 Stunde (davon
35–40 Minuten Backzeit)

1. Die Heidelbeeren kurz waschen und gut abtropfen lassen. 100 g Mascarpone mit der Milch oder der Sahne, dem Öl, dem Granulat und dem Salz verrühren. Das Mehl mit dem Backpulver einrühren.

2. Die Form fetten und den Teig darin zu einem Boden ausdrücken, dabei einen 2–3 cm hohen Rand formen.

3. Den restlichen Mascarpone mit der Vanille verrühren und auf den Boden streichen. Die Heidelbeeren daraufgeben.

4. Den Backofen auf 190° (Umluft 175°, Gas 2 1/2) einschalten. Den Kuchen auf der mittleren Schiene 35–40 Minuten backen.

Krümelkuchen mit Kirschen

Zutaten für eine Springform
von 26 cm Ø:
150 g weiche Butter
80–150 g Zuckerrohrgranulat,
je nach Süße der Früchte
1 Ei
50 g Haselnüsse oder
Walnüsse, frisch gerieben
2–3 EßI. Milch oder Sahne
1 Prise Salz · 1 Prise Zimtpulver
1 Teel. abgeriebene Zitronenschale
200 g Dinkel, fein gemahlen
100 g Buchweizen oder Hirse,
fein gemahlen
1/2 Teel. Backpulver
500 g Kirschen
25 g Hafer, mittelfein geschrotet
oder feine Vollkornhaferflocken
Für die Form und zum Bestreuen:
ungehärtetes Kokosfett oder Butter
2–3 EßI. Sonnenblumen- oder
Pinienkerne

Schnell • Gelingt leicht

Bei 12 Stück pro Stück etwa:
1200 kJ/290 kcal
6 g Eiweiß · 16 g Fett
32 g Kohlenhydrate
3 g Ballaststoffe

* Zubereitungszeit: etwa
1 Stunde (davon
35 Minuten Backzeit)

1. Die Butter mit dem Granulat cremig rühren. Das Ei einrühren.

2. Die Nüsse, die Milch oder die Sahne, das Salz, den Zimt und die Zitronenschale einrühren. Das Mehl mit dem Backpulver vermischen, auf einmal in die Schüssel geben und alles mit den Fingern zu Streuseln zusammenkneten. Die Streusel in den Kühlschrank stellen.

3. Die Kirschen waschen und entsteinen. Den Backofen auf 190° vorheizen.

4. Die Springform gründlich fetten und mit der Hälfte der Kerne ausstreuen. Zwei Drittel der Streusel in die Form geben, leicht zu einem Boden zusammendrücken und außen einen etwa 1 cm hohen Rand formen.

5. Den Haferschrot oder die -flocken auf den Teigboden streuen. Die Kirschen darauf verteilen. Die restlichen Streusel darüber streuen. Die restlichen Kerne überstreuen.

6. Den Kuchen im Backofen (Mitte) in etwa 35 Minuten (Umluft 175°, Gas Stufe 2 1/2) goldbraun backen.

Bild oben:
Mascarponekuchen mit Heidelbeeren
Bild unten:
Krümelkuchen mit Kirschen

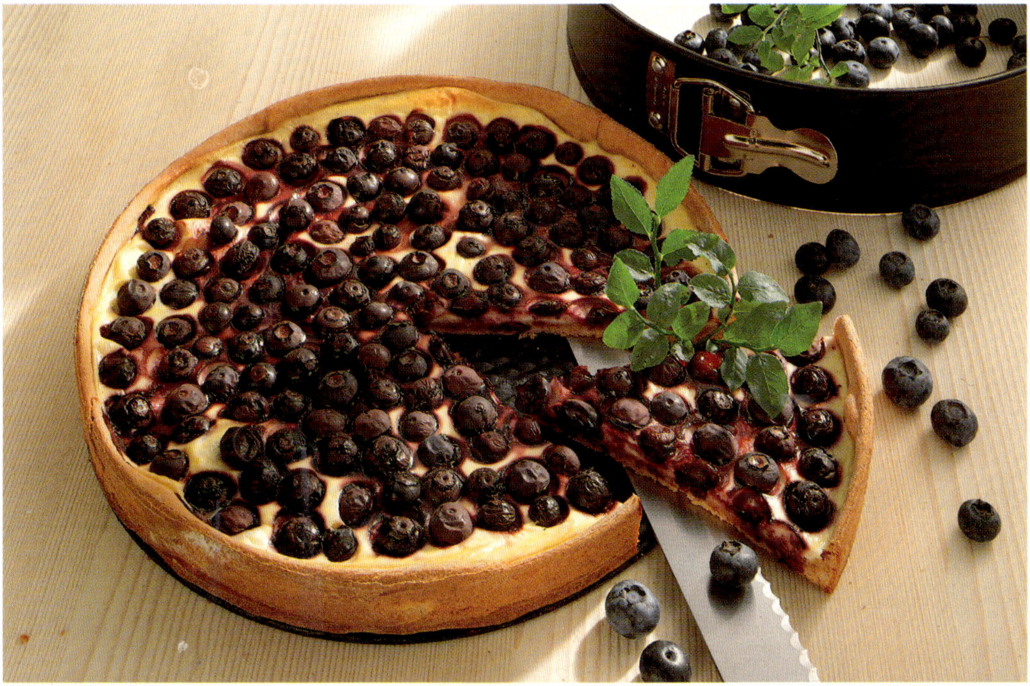

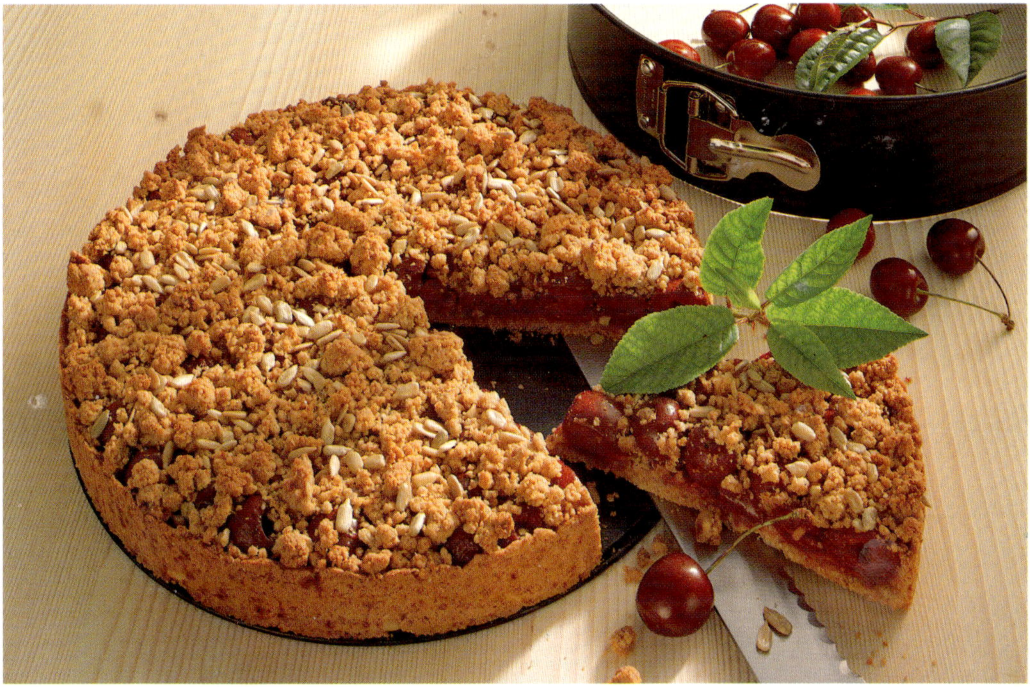

Engadiner Nußkuchen

Zutaten für eine
Springform von 24–26 cm Ø:
Für den Teig:
350 g Dinkel oder Weizen,
fein gemahlen
150 g kühle Butter
60 g Zuckerrohrgranulat
oder 80 g Honig
1 Prise Salz
1 Ei oder 2–3 Eßl. Wasser
Für den Belag:
100 g Walnußkerne
100 g Haselnußkerne
100 g Mandeln
50 g Butter
100 g Zuckerrohrgranulat
oder 125 g Honig
60 ccm (1/2 Tasse) heißes Wasser
100 g (1/2 Tasse) Sahne
1–2 Eßl. Kirschwasser oder
Amaretto nach Belieben
Für die Form:
ungehärtetes Kokosfett oder Butter
Zum Bestreichen:
1 Eigelb
2–3 Eßl. Milch oder Sahne

Braucht etwas Zeit

Bei 12 Stück pro Stück etwa:
2000 kJ/480 kcal
9 g Eiweiß · 33 g Fett
34 g Kohlenhydrate
4 g Ballaststoffe

• Zubereitungszeit: etwa
   1 1/2 Stunden (davon
   30–35 Minuten Backzeit)

1. Für den Teig das Dinkel- oder Weizenmehl in eine Rührschüssel oder auf die Arbeitsfläche geben. Die Butter in Stückchen darauf setzen und alles schnell mit den Knethaken des Handrührgeräts oder den Fingern gleichmäßig verkrümeln. In der Mitte eine Mulde eindrücken. Das Granulat oder den Honig, das Salz und das Ei oder das Wasser einrühren. Alle Zutaten zu einem glatten Teig verkneten.

2. Den Teig in zwei Drittel und ein Drittel aufteilen, jeweils zu einer flachen Kugel formen und etwa 30 Minuten kühl stellen.

3. Inzwischen für den Belag die Nüsse grob hacken, in ein grobes Sieb (Salatsieb) schütten und so die feinen Nußbestandteile abtrennen. Nur die grobgehackten Nüsse in einer trockenen Pfanne etwa 5 Minuten rösten, bis sie aromatisch duften. Zum Abkühlen zu den abgesiebten Nüssen geben.

4. Die Butter in einer Pfanne zerlassen, das Granulat oder den Honig dazugeben und unter Rühren weiter erhitzen, bis das Granulat cremig wird oder der Honig zu schäumen beginnt. Sofort die Nüsse unterrühren und das Wasser, die Sahne sowie nach Belieben das Kirschwasser oder den Amaretto dazugießen. Alles zu einer dickflüssigen Masse einkochen und anschließend abkühlen lassen.

5. Den Backofen auf 190° vorheizen. Die Form leicht fetten.

6. Die große Teigkugel in die Mitte der Form legen und mit den Fingern zu einem gleichmäßigen Boden ausdrücken. Dabei mit den Fingerspitzen einen etwa 3 cm hohen Rand formen. Den Teigboden mehrmals mit einer Gabel einstechen.

7. Einen Teigschaber oder Löffel in Wasser tauchen und die Nußfüllung gleichmäßig auf dem Teigboden verstreichen.

8. Ein Stück Pergamentpapier oder Klarsichtfolie auf ein Geschirrtuch legen und die kleine Teigkugel darauf 3–4 mm dick auswellen. Mit dem Teigrädchen oder dem Messer 2–3 cm breite Streifen abschneiden und diese gitterartig auf den Kuchen legen. Das Eigelb mit der Milch verrühren oder der Sahne und die Kuchenoberfläche damit bestreichen.

9. Den Kuchen im Backofen (Mitte) in 30–35 Minuten (Umluft 175°, Gas Stufe 2 1/2) goldbraun backen.

sehr gut

Viele Nüsse mit Butter, Zuckerrohrgranulat und Sahne ergeben die unwiderstehliche Füllung des Engadinger Nußkuchens.

Marmorkuchen

Dieser Kuchen-Klassiker ist bei jung und alt nach wie vor beliebt. Sie können ihn auch in einer Kranz- oder Napfkuchenform oder einer 30 cm langen Kastenform backen.

Zutaten für eine Guglhupfform:
250 g Butter
200–250 g Zuckerrohrgranulat
oder heller Honig
1 Prise Salz · 4 Eier
400 g Dinkel oder Weizen,
fein gemahlen
4 Teel. Backpulver
2 Eßl. Rum nach Belieben
etwa 100 ccm Milch oder Sahne
3 Eßl. gesiebtes Kakao- oder
Carobpulver
Für die Form:
ungehärtetes Kokosfett oder Butter
1 Eßl. Schrot
Zum Überstreuen, nach Belieben:
1 Teel. Wildpfeilwurzelmehl
1 Teel. feines Zuckerrohrgranulat

Gelingt leicht

Bei 12 Stück pro Stück etwa:
1550 kJ/370 kcal
8 g Eiweiß · 21 g Fett
37 g Kohlenhydrate
3 g Ballaststoffe

- Zubereitungszeit: etwa
  1 1/2 Stunden (davon
  1 Stunde Backzeit)

1. Den Backofen auf 50° einstellen. Die Butter in einer kleinen Schüssel hineinstellen, damit sie flüssig, aber nicht heiß wird.

2. In einer Rührschüssel das Granulat oder den Honig, das Salz und die Eier mit den Quirlen des Rührgeräts in 1–2 Minuten schaumig rühren.

3. Das Mehl mit dem Backpulver vermischen und in die Schüssel geben. Die Butter, nach Belieben den Rum und die Milch oder die Sahne dazugeben und alles in wenigen Sekunden verrühren. Den Teig 5–10 Minuten quellen lassen.

4. Den Backofen auf 190° vorheizen. Die Form fetten und mit dem Schrot ausstreuen.

5. Den gequollenen Teig kurz durchrühren. Er soll geschmeidig sein und reißend vom Löffel gleiten. Eventuell noch etwas Milch oder Sahne einrühren. (Teige, bei denen die Butter flüssig zugegeben wurde, können etwas weicher sein als klassisch zubereitete Rührteige.)

6. Etwas mehr als die Hälfte des Teiges in die vorbereitete Form füllen. In den restlichen Teig das Kakao- oder das Carobpulver einrühren. Bei Zugabe von Carob noch 1–2 Eßlöffel Milch oder Sahne einrühren.

7. Die dunkle Teigmasse auf den hellen Teig geben. Mit einer Gabel durch Drehbewegungen den dunklen mit dem hellen Teig leicht vermischen, dann an der Oberfläche glattstreichen.

8. Den Kuchen im Backofen (unten) in 55–65 Minuten

(Umluft 175°, Gas Stufe 2 1/2) mittelbraun backen.

9. Nach Belieben das Wildpfeilwurzelmehl mit dem Granulat mischen und über den ausgekühlten Kuchen streuen.

Tip!

Wenn Sie Rührteig mit dem kleberreichen Dinkel herstellen, ist es besonders wichtig, daß Sie das Mehl nur kurz in den Teig einrühren. Durch langes Rühren würde zuviel Kleber aktiviert und der Kuchen könnte zu fest werden. Dinkelteige müssen im allgemeinen etwas flüssiger sein als solche aus Weizen, da dieses Getreide beim Quellen mehr Feuchtigkeit aufnimmt. Bei zu wenig Flüssigkeit werden die Kuchen leicht trocken.

Auch in der Vollwert-Backstube gehört der Marmorkuchen zu den geliebten Klassikern.

Blitzkuchen

Zutaten für eine Springform
von 26 cm Ø:

50 g Rosinen
50 g Zitronat
50 g getrocknete Aprikosen
oder Feigen
4 Eiweiß · 1 Prise Salz
8 Eßl. heißes Wasser
100 g Zuckerrohrgranulat
4 Eigelb
125 g Dinkel, fein gemahlen
1 Teel. abgeriebene Zitronenschale
65 g zerlassene Butter
Für die Form:
Pergamentpapier

Gelingt leicht

Bei 12 Stück pro Stück etwa:
690 kJ/160 kcal
4 g Eiweiß · 7 g Fett
22 g Kohlenhydrate
2 g Ballaststoffe

* Zubereitungszeit: etwa
  1 Stunde (davon
  25–30 Minuten Backzeit)

1. Die Rosinen brühen. Das Trockenobst fein würfeln. Das Pergamentpapier in die Form einspannen. Den Backofen auf 180° vorheizen.

2. Die Eiweiße mit dem Salz und dem Wasser steif schlagen.

3. Das Granulat und die Eigelbe nach und nach unterrühren. Noch 1–2 Minuten weiterschlagen, bis eine feste, cremige Masse entstanden ist, in der Rührspuren sichtbar bleiben.

4. Das Mehl, die abgegossenen Rosinen, das Trockenobst,

die Zitronenschale und die Butter auf die Masse geben und mit dem Schneebesen unterheben.

5. Den Teig in die Form füllen und den Kuchen im Backofen (Mitte) 25–30 Minuten (Umluft 160°, Gas Stufe 2) backen. Nach Belieben mit Wildpfeilwurzelmehl bestäuben.

Nußkuchen mit Rum

Zutaten für eine Ringform
oder große Kastenform von
30–35 cm Länge:

200 g weiche Butter
200 g Zuckerrohrgranulat
1 Prise Salz
3 Eier
250–300 g Haselnüsse,
frisch gerieben
125 g Magerquark
250 g Dinkel, fein gemahlen
3 Teel. Backpulver
4 Eßl. Rum
knapp 1/8 l Milch oder Sahne
Für die Form:
Butter oder Öl
1 Eßl. geschälte (helle)
Sesamsamen oder Schrot

Gelingt leicht

Bei 12 Stück pro Stück etwa:
1800 kJ/430 kcal
9 g Eiweiß · 29 g Fett
32 g Kohlenhydrate
3 g Ballaststoffe

* Zubereitungszeit: etwa
  1 1/2 Stunden (davon
  1 Stunde Backzeit)

1. In einer Rührschüssel die Butter mit dem Granulat und dem Salz verrühren. Die Eier einzeln einrühren und 1–2 Minuten weiterrühren, bis eine cremige Masse entstanden ist.

2. Die Nüsse und den Quark kurz einrühren. Das Mehl mit dem Backpulver vermischen und dazugeben. Den Rum, die Milch oder die Sahne angießen und alles in wenigen Sekunden gründlich verrühren. Den Teig etwa 5 Minuten quellen lassen.

3. Den Backofen auf 190° vorheizen. Die Form fetten und mit den Sesamsamen oder dem Schrot ausstreuen.

4. Den gequollenen Teig prüfen: Er soll geschmeidig sein und schwer reißend vom Löffel gleiten. Eventuell noch etwas Milch oder Sahne einrühren.

5. Den Teig in die vorbereitete Form füllen. Den Kuchen im Backofen (Mitte) 55–65 Minuten (Umluft 175°, Gas Stufe 2 1/2) backen.

Im Bild vorne: Nußkuchen mit Rum
Im Bild hinten: Blitzkuchen

Panettone

Sie können den Teig auch in einer Guglhupfform backen.

Zutaten für eine runde Form oder einen Kochtopf von 18–20 cm Ø:

100 g ungeschwefelte Rosinen oder Sultaninen

2 Eßl. Rum oder Amaretto nach Belieben

125 g Butter

300 ccm lauwarme Milch

42 g frische Hefe (1 Würfel)

100 g Zuckerrohrgranulat oder

125 g Honig · 4 Eigelb

1 Teel. Salz

1 Prise Muskatblüte oder Muskatnuß, frisch gerieben

1 Teel. abgeriebene Zitronenschale

1 Messerspitze gemahlener Safran, nach Belieben

600 g Dinkel oder Weizen, fein gemahlen

100 g Zitronat · 50 g Orangeat

Für die Form:

Pergamentpapier oder Backpapier

ungehärtetes Kokosfett oder Butter

Braucht etwas Zeit
Spezialität aus Italien

Bei 16 Stück pro Stück etwa:
1200 kJ/290 kcal
7 g Eiweiß · 10 g Fett
40 g Kohlenhydrate
4 g Ballaststoffe

- Zubereitungszeit: etwa
  3 Stunden (davon
  1 Stunde Ruhezeit und
  50–60 Minuten Backzeit)

1. Die Rosinen oder die Sultaninen mit heißem Wasser begießen und etwa 5 Minuten stehenlassen. Abgießen und nach Belieben mit dem Rum oder dem Amaretto in einer Tasse ziehen lassen.

2. Den Backofen auf 50° einstellen. Die Butter in einer Tasse hineinstellen und zergehen lassen.

3. Die Milch, die zerbröckelte Hefe, das Granulat oder den Honig, die Eigelbe, das Salz, den Muskat, die Zitronenschale und nach Belieben den Safran in einer Schüssel verrühren. Das Mehl einrühren.

4. Die flüssige Butter dazugeben und alles mit den Knethaken des Rührgerätes in 2–3 Minuten oder von Hand in 5–6 Minuten verkneten, bis der Teig glänzt und sich von der Schüssel löst. Er soll geschmeidig und weich sein. Eventuell noch 1–2 Eßlöffel Milch einarbeiten.

5. Den Teig zugedeckt in den ausgeschalteten Backofen stellen und etwa 30 Minuten gehen lassen, bis sich das Volumen etwa verdoppelt hat.

6. Das Zitronat und das Orangeat fein würfeln. Mit den Rosinen (eventuell mit Flüssigkeit) auf den Teig geben und gründlich verkneten.

7. Die Form oder den Topf so mit gefettetem Pergament- oder Backpapier auslegen, daß Boden und Rand in voller Höhe bedeckt sind.

8. Den Teig einfüllen, mit einem nassen Teigschaber in die Form drücken und glattstreichen. Den Teig im Backofen nochmal etwa 30 Minuten zugedeckt gehen lassen, bis er den Rand der Form erreicht hat.

9. Den Backofen auf 180° (Umluft 175°, Gas Stufe 2 1/2) einstellen. Die Kuchenoberfläche mit einem scharfen Messer kreuzweise einschneiden und den Kuchen im Backofen (unten) 50–60 Minuten backen. Gegen Ende der Backzeit mit Pergamentpapier abdecken.

Tip!

Für jedes Rezept gilt, daß Sie den Kuchen etwa 5 Minuten in der Form stehenlassen sollten. Dann entweder den Springformrand lösen, den Kuchen mit einer Palette vom Boden lösen und auf ein Kuchengitter gleiten lassen. Oder den Kuchen aus der Form auf das Gitter stürzen. Den Kuchen auskühlen lassen.

Panettone wird in Italien traditionell zu Weihnachten gebacken, schmeckt aber immer, zum Beispiel zum Frühstück.

Linzer Kuchen

Zutaten für eine Springform
von 24–26 cm Ø:
Für den Belag:
150 g gemischte Trockenfrüchte
wie zum Beispiel Aprikosen,
Pflaumen oder Datteln
100 g frische oder tiefgefrorene
Himbeeren oder Johannisbeeren
Für den Teig:
200 g Dinkel oder Weizen,
fein gemahlen
150 g Mandeln oder
Haselnüsse, fein gerieben
1 Teel. Zimtpulver
1/4 Teel. Nelkenpulver
2 Eßl. Kakao- oder Carobpulver
125 g kühle Butter
100 g Zuckerrohrgranulat
oder 125 g Honig
1 Prise Salz
1 Ei
3–4 Eßl. Kirschwasser,
ersatzweise Rum oder Milch
Für die Form:
ungehärtetes Pflanzenfett
oder Butter

Braucht etwas Zeit

Bei 12 Stück pro Stück etwa:
1200 kJ/290 kcal
6 g Eiweiß · 17 g Fett
27 g Kohlenhydrate
4 g Ballaststoffe

• Quellzeit: 1 1/2 Stunden
• Zubereitungszeit: etwa
 1 3/4 Stunden (davon
 40–50 Minuten Backzeit)

1. Für den Belag die Trockenfrüchte mit heißem Wasser übergießen und etwa 1 1/2 Stunden quellen lassen, bis sie weich sind.

2. Nach etwa 45 Minuten für den Teig das Mehl, die Nüsse, das Zimt- und das Nelkenpulver sowie den Kakao oder den Carob in eine Rührschüssel geben. Die Butter in kleinen Stücken auf das Mehl setzen. Das Granulat oder den Honig, das Salz, das Ei und das Kirschwasser dazugeben und alles mit den Quirlen des Rührgerätes verkrümeln. Mit den Händen alle Zutaten zu einem glatten Teig verkneten. Den Teig etwa 30 Minuten kühl stellen.

3. Inzwischen tiefgefrorene Beeren antauen lassen. Die eingeweichten Trockenfrüchte abgießen und mit einem Messer grob zerkleinern. Mit den Beeren mit einem Pürierstab oder einem Zerkleinerungsgerät mit rotierendem Messer pürieren.

4. Die Springform leicht fetten. Den Backofen auf 190° vorheizen.

5. Die Hälfte des Teiges in die Mitte der Form geben und mit den Fingern zu einem gleichmäßigen Boden ausdrücken. Dabei mit den Fingerspitzen einen etwa 1 cm hohen Rand hochziehen. Das Fruchtpüree auf den Teigboden streichen. Die andere Teighälfte in eine Tortenspritze oder einen Spritzbeutel mit großer Lochtülle füllen und den Teig gitterförmig aufspritzen (Streifenabstand etwa 2 cm). Den restlichen Teig als Ring auf den Rand des Kuchens spritzen.

6. Den Kuchen im Backofen (Mitte) in 40–50 Minuten (Umluft 175°, Gas Stufe 2 1/2) backen.

Variante:

Anstelle des Fruchtpürees können Sie auch Himbeer- oder Johannisbeermarmelade verwenden. Dann entfällt auch die Quellzeit für das Trockenobst.

Tip!

Den Linzer Kuchen sollten Sie vor dem Anschneiden mindestens 2 Tage durchziehen lassen. Packen Sie ihn dafür in eine Klarsicht- oder Alufolie ein. So können Sie ihn kühl gelagert auch einige Wochen aufbewahren.

Linzer Kuchen können Sie gut auf Vorrat backen, denn er schmeckt so richtig erst nach ein paar Tagen. Und er hält sich wochenlang.

Hefezopf

Zutaten für einen etwa 35 cm
langen Zopf:

Für den Teig:

1/4 l lauwarme Milch

42 g frische Hefe (1 Würfel)

60 g Zuckerrohrgranulat oder
Honig

1 Ei

1 Prise Salz

500 g Dinkel oder Weizen,
fein gemahlen

2 Teel. abgeriebene Zitronenschale
oder 5 Tropfen Zitronenöl

60 g weiche Butter

Für die Füllung:

3–4 Eßl. Rosinen

1 Eßl. Rum nach Belieben

1 Eiweiß

2–3 Eßl. Zuckerrohrgranulat
oder Ahornsirup

100 g Haselnüsse oder Mandeln,
frisch gerieben

3–4 Eßl. Milch

Für das Blech:

ungehärtetes Kokosfett oder Butter

Zum Bestreichen:

1 Eigelb

Braucht etwas Zeit
Raffiniert

Bei 18 Stück pro Stück etwa:
800 kJ/190 kcal
6 g Eiweiß · 8 g Fett
25 g Kohlenhydrate
3 g Ballaststoffe

• Zubereitungszeit: etwa
  1 3/4 Stunden (davon
  35–45 Minuten Ruhezeit und
  30–40 Minuten Backzeit)

1. Für den Teig die Milch, die Hefe, das Granulat oder den Honig, das Ei und das Salz in einer Schüssel verrühren. Das Mehl und die Zitronenschale oder das -öl einrühren.

2. Die Butter in Flöckchen auf den Teig setzen und alle Zutaten mit den Knethaken des Rührgeräts in 2–3 Minuten oder von Hand in 5–6 Minuten zu einem geschmeidigen Teig verkneten, bis er glänzt und sich von der Schüssel löst. Sollte er zu fest sein, noch 1–2 Eßlöffel Milch einarbeiten.

3. Den Teig mit etwas Mehl bestäuben und zugedeckt etwa 20 Minuten gehen lassen, bis sich sein Volumen etwa verdoppelt hat. Inzwischen für die Füllung die Rosinen etwa 5 Minuten heiß überbrühen, abtropfen lassen und mit dem Rum nach Belieben vermischen.

4. Das Eiweiß steif schlagen. Das Granulat oder den Sirup, die Nüsse und die Rosinen mit dem Rum unterrühren. So viel Milch hinzufügen, daß die Masse geschmeidig wird. Das Blech fetten. Den Teig darauf zu einem knapp 1 cm dicken Rechteck auswellen und 5–10 Minuten gehen lassen.

5. Die Füllung auf die Teigplatte streichen, dabei rundherum einen Rand von etwa 1 cm frei lassen. Die Teigplatte von der Längsseite her aufrollen und so auf dem Blech zurechtlegen, daß die offene Teigkante unten liegt. Die Teigrolle längs einmal durchschneiden.

6. Die beiden aufgeschnittenen Teigstücke mit beiden Händen halten und ein- bis zweimal überkreuzen, so daß die aufgeschnittenen Teigkanten oben liegen. Mit der anderen Seite der Teigrolle genauso verfahren.

7. Den Zopf mit dem verquirlten Eigelb bestreichen und nochmals 10–15 Minuten gehen lassen.

8. Den Zopf im Backofen (Mitte) bei 190° (Umluft 160°, Gas Stufe 2 1/2) in 30–40 Minuten goldbraun backen.

Varianten:
Sie können den Zopf auch zu einem Ring schließen. Damit die Enden zusammenhalten, sollten Sie diese vor dem Zusammenfügen mit Ei bestreichen.
In die Füllung können Sie auch noch 1–2 feingeraspelte Äpfel untermischen.

Tip!

Wenn Sie Hefekuchen von Hand kneten oder formen, sollten Sie die Hände gut mit Wasser befeuchten, damit der Teig nicht an den Händen klebt.

Buchweizen-torte

Zutaten für eine Springform
von 26 cm Ø:
Für den Teig:
200 g Butter · 4 Eiweiß
1 Prise Salz
8 Eßl. heißes Wasser
150 g Zuckerrohrgranulat
4 Eigelb
200 g Buchweizen, fein gemahlen
200 g Mandeln, frisch gerieben
1 Teel. Backpulver
1/2 Teel. gemahlene Vanille
2 Eßl. Mandelblättchen
Für die Füllung:
4–5 Eßl. Preiselbeer-, Johannisbeer-
oder Himbeermarmelade
200 g geschlagene Sahne
Für die Form:
ungehärtetes Kokosfett oder Butter

Gelingt leicht · Raffiniert

Bei 12 Stück pro Stück etwa:
1800 kJ/430 kcal
8 g Eiweiß · 31 g Fett
28 g Kohlenhydrate
3 g Ballaststoffe

- Zubereitungszeit: etwa
  1 1/2 Stunden (davon
  35–40 Minuten Backzeit)

1. Den Boden der Form fetten. Den Backofen auf 180° vorheizen. Für den Teig die Butter in Stücke zerteilen, in eine kleine Schüssel geben und in den Backofen stellen, damit sie flüssig (aber nicht heiß!) wird.

2. Die Eiweiße in einer mittelgroßen Rührschüssel mit dem Salz und dem Wasser zu steifem Schnee schlagen.

3. Das Granulat und die Eigelbe nach und nach unterrühren. Noch 1–2 Minuten weiterschlagen, bis eine feste, cremige Masse entstanden ist, in der Rührspuren sichtbar bleiben.

4. Das Mehl mit den Mandeln, dem Backpulver und der Vanille vermischen und auf die Masse geben. Die flüssige Butter dazugießen und alles mit dem Schneebesen unterheben oder vorsichtig einrühren.

5. Die Masse in die Form füllen. Die Mandelblättchen darüber streuen und den Kuchen im Backofen (Mitte) 35–40 Minuten (Umluft 160°, Gas Stufe 2) backen.

6. Den ausgekühlten Kuchen quer durchschneiden: dafür einen festen Zwirn in der Mitte um den Kuchen legen, die Enden überkreuzen und dann fest zusammenziehen, bis der Kuchen durchgeschnitten ist.

7. Die untere Kuchenhälfte nacheinander mit der Marmelade und der Sahne bestreichen, dann den Deckel wieder auflegen.

Variante:
Wenn Sie frische Johannisbeeren oder Heidelbeeren haben, können Sie den Kuchen sehr schön dekorieren, indem Sie vor dem Backen 2–3 Eßlöffel Johannisbeeren auf die Teigoberfläche streuen und 100 g Johannisbeeren unter die Schlagsahne mischen.

Kirsch-Quark-Kuchen

Zutaten für eine Kastenform
von 30 cm Länge:
3 Eier · 100 g Zuckerrohrgranulat
5 Tropfen Zitronenöl
60 g Vollkorngrieß oder feine
Haferflocken
250 g Speisequark (20 %)
500 g Süßkirschen
Für die Form:
Backpapier

Gelingt leicht

Bei 12 Stück pro Stück etwa:
450 kJ/110 kcal
4 g Eiweiß · 2 g Fett
17 g Kohlenhydrate
1 g Ballaststoffe

- Zubereitungszeit: etwa
  1 1/4 Stunden (davon
  50–60 Minuten Backzeit)

1. Die Form mit Backpapier auslegen. Den Backofen auf 180° vorheizen.

2. Die Eier mit dem Granulat und dem Zitronenöl schaumig rühren.

3. Den Grieß oder die Flocken sowie den Quark einrühren. Die Kirschen waschen, abtropfen lassen, entstielen und unterheben.

4. Die Masse in die Form geben und den Kuchen im Backofen (Mitte) 50–60 Minuten (Umluft 160°, Gas Stufe 2) backen.

Im Bild vorne: Kirsch-Quark-Kuchen
Im Bild hinten: Buchweizentorte

Butterkuchen mit Mandeln

Dieses Rezept vereinigt den süddeutschen »Bienenstich« mit dem norddeutschen Zuckerkuchen.

Zutaten für ein Backblech:

Für den Teig:

1/4 l lauwarme Milch

42 g frische Hefe (1 Würfel)

60 g Zuckerrohrgranulat

oder Honig

1 Prise Salz

1 Ei

500 g Weizen, fein gemahlen

60 g weiche Butter

2 Teel. abgeriebene Zitronenschale

Für den Belag:

200 g Mandeln

100 g Butter

40 g Zuckerrohrgranulat

10 Eßl. Milch oder Sahne

1 Teel. abgeriebene Zitronenschale

1 Teel. Zimtpulver

Für das Blech:

Butter oder Öl

Kleie oder Mehl

Gelingt leicht
Braucht etwas Zeit

Bei 16 Stück pro Stück etwa:
1280 kJ/190 kcal
7 g Eiweiß · 17 g Fett
27 g Kohlenhydrate
5 g Ballaststoffe

• Zubereitungszeit: etwa
1 1/2 Stunden (davon
25–30 Minuten Backzeit)

1. In der Teigschüssel die Milch, die zerbröckelte Hefe, das Granulat oder den Honig, das Salz und das Ei verrühren.

Das Weizenmehl einrühren. Die Butter in Flöckchen und die Zitronenschale dazugeben. Alles mit den Knethaken des Rührgerätes in 2–3 Minuten oder von Hand in 5–6 Minuten verkneten, bis der Teig glänzt und sich von der Schüssel löst. Sollte er zu fest sein, noch 1 Eßlöffel Milch einarbeiten. Den Teig mit etwas Mehl bestäuben und zugedeckt an einem warmen Ort 20–30 Minuten gehen lassen, bis sich das Volumen etwa verdoppelt hat.

2. Inzwischen für den Belag die Mandeln grob hacken oder stifteln. Die Butter in einer Pfanne schmelzen, die Mandeln hinzufügen und bei mittlerer Hitze leicht anbräunen. Das Granulat dazugeben, die Milch oder Sahne angießen und alles zu einer streichfähigen Masse einkochen lassen. Die Zitronenschale und den Zimt einrühren. Die Masse etwas abkühlen lassen.

3. Inzwischen das Blech gründlich fetten und mit der Kleie oder dem Mehl ausstreuen.

4. Den gegangenen Teig kurz durchkneten und auf dem Blech mit den Händen zu einem gleichmäßig dicken Boden ausdrücken. Den Teig 5–10 Minuten gehen lassen.

5. Die abgekühlte Mandelmasse gleichmäßig auf den Teig streichen und die Form in den Backofen (Mitte) schieben.

6. Den Backofen auf 190° (Umluft 175°, Gas Stufe 2 1/2) einstellen. Den Kuchen in 25–30 Minuten knusprig braun backen.

Variante:

Wenn es mal schnell gehen muß, können Sie die Butter in Flöckchen, die Mandeln und das Granulat ohne anzurösten auf der Teigplatte verteilen.

Für den Belag des Butterkuchens werden Mandeln mit Zuckerrohrgranulat, Butter und Milch eingekocht und auf den Hefeteig gestrichen. Das macht den Kuchen besonders fein.

Käsekuchen

Zutaten für eine Springform
von 26 cm Ø:

Für den Teig:

200 g Dinkel oder Weizen,
fein gemahlen

1 Messerspitze Backpulver,
nach Belieben

60 g Zuckerrohrgranulat

1 Prise Salz

1 Ei oder 2–3 Eßl. Wasser

1/2 Teel. Zimtpulver oder
abgeriebene Zitronenschale

80 g kalte Butter

Für den Belag:

50–100 g ungeschwefelte Rosinen

5 Eiweiß

1 Prise Salz

750 g Schichtkäse oder
Magerquark

5 Eigelb

125–150 g Zuckerrohrgranulat

150 g Crème fraîche oder
saure Sahne (20 %)

40 g Speisestärke
(Marantha- oder Kartoffelstärke)

1/2 Teel. gemahlene Vanille

6 Eßl. Sonnenblumenöl

2 Teel. abgeriebene Zitronenschale
oder 10 Tropfen Zitronenöl

1 Teel. Vollkornmehl

Für die Form:

Butter oder Öl

Braucht etwas Zeit

Bei 12 Stück pro Stück etwa:
1500 kJ/360 kcal
14 g Eiweiß · 18 g Fett
36 g Kohlenhydrate
2 g Ballaststoffe

- Zubereitungszeit: etwa
  1 3/4 Stunden (davon
  60–70 Minuten Backzeit)

1. Für den Teig das Mehl mit dem Backpulver vermischen und in eine Rührschüssel oder auf die Arbeitsfläche geben. Das Granulat, das Salz, das Ei oder das Wasser sowie den Zimt oder die Zitronenschale untermischen. Die Butter in Stückchen auf das Mehl setzen und alles schnell mit den Knethaken des Handrührgeräts oder den Fingern gleichmäßig verkrümeln, danach zu einem glatten Teig verkneten.

2. Die Springform leicht fetten. Den Teig hineingeben und mit den Fingern zu einem gleichmäßigen Boden ausdrücken. Dabei mit den Fingerspitzen einen etwa 3 cm hohen Rand formen. Den Boden mehrmals mit einer Gabel einstechen. Den Teig für etwa 30 Minuten kühl stellen.

3. Inzwischen für den Belag die Rosinen mit etwa 1/4 l heißem Wasser überbrühen und einige Minuten darin ziehen lassen.

4. Die Eiweiße mit dem Salz steif schlagen.

5. Den Backofen auf 170° vorheizen.

6. Die Rosinen in ein Sieb schütten und abtropfen lassen. Den Schichtkäse oder den Magerquark, die Eigelbe, das Granulat, die Crème fraîche oder die saure Sahne, die Speisestärke, die Vanille, das Öl und die Zitronenschale oder das Zitronenöl mit den Quirlen des Rührgeräts verrühren.

7. Die Rosinen mit dem Teelöffel Mehl bestäuben. Den Eischnee und die Rosinen auf die Quarkmasse geben und mit dem Schneebesen vorsichtig unterheben. Die Quarkmasse auf den Teigboden geben und gleichmäßig verstreichen.

8. Den Kuchen im Backofen (unten) 60–70 Minuten (Umluft 140°, Gas Stufe 1 1/2) backen, bis die Oberfläche an den Rändern mittelbraun ist.

9. Den fertigen Kuchen im abgeschalteten Backofen bei geöffneter Türe auskühlen lassen. Oder leicht abgekühlt vorsichtig auf ein Kuchengitter stürzen und so ganz abkühlen lassen.

Variante:
Anstelle der Rosinen können Sie auch andere saftige, kleingeschnittene Früchte (zum Beispiel Mandarinen oder Pfirsiche) vor dem Backen in die Masse versenken.

Tip!

Das Ei im Teig können Sie hier sehr gut durch 2–3 Eßlöffel Flüssigkeit (Wasser, Weißwein oder Zitronensaft) ersetzen.

Käsekuchen schmeckt besonders gut, wenn Sie den lockeren Schichtkäse verwenden.

Obsttarte mit Sahneguß

Für diesen Kuchen brauchen Sie kaum Süßungsmittel, da der Teig ganz dünn ist und die Früchte die Hauptsache ausmachen. Er schmeckt mit nahezu allen süßen Früchten der Jahreszeiten, doch möchte ich Ihnen die Apfel-, Birnen- und Mirabellenvarianten ganz besonders empfehlen.

Zutaten für eine Springform
von 26 cm Ø:
Für den Teig:
200 g Dinkel oder Weizen,
fein gemahlen
1 Eßl. Zuckerrohrgranulat,
Honig oder Ahornsirup
1 Prise Salz
100 g kühle Butter
75 ccm Weißwein oder
Mineralwasser
Für den Guß:
1 Ei
125 g Sahne
1–2 Eßl. Zuckerrohrgranulat
oder Ahornsirup (je nach
Süße der Früchte)
1/2 Teel. gemahlene Vanille
Für den Belag:
etwa 500 g säuerliche Backäpfel
(wie zum Beispiel Boskop)
oder Birnen
1–2 Eßl. ungeschwefelte Rosinen
oder Sultaninen, nach Belieben
Für die Form:
ungehärtetes Kokosfett oder Butter

**Für Ungeübte
Spezialität aus dem
Elsaß**

Bei 12 Stück pro Stück etwa:
800 kJ/190 kcal
3 g Eiweiß · 11 g Fett
19 g Kohlenhydrate
2 g Ballaststoffe

- Zubereitungszeit: etwa
  1 1/2 Stunden (davon
  35–40 Minuten Backzeit)

1. Für den Teig das Mehl und das Granulat oder den Honig oder Ahornsirup und das Salz in eine Rührschüssel geben und vermischen. Die Butter in Stückchen darauf setzen, die Flüssigkeit angießen und alles mit den Knethaken des Rührgeräts oder den Händen rasch zu einem glatten Teig verkneten.

2. Den Teig zu einer Kugel formen und abgedeckt etwa 20 Minuten kühl stellen. Den Backofen auf 190° vorheizen. Die Springform leicht fetten.

3. Den Teig in die Mitte der Form geben und mit den Fingern zu einem gleichmäßig dicken Boden ausdrücken, dabei einen etwa 2 cm hohen Rand hochziehen.

4. Den Teigboden mehrmals mit einer Gabel einstechen und im Backofen (Mitte) etwa 10 Minuten (Umluft 175°, Gas Stufe 2 1/2) vorbacken.

5. Inzwischen für den Guß in der Teigschüssel das Ei und die Sahne mit dem Granulat oder dem Sirup und der Vanille verquirlen.

6. Für den Belag die Äpfel oder Birnen schälen, vierteln, vom Kerngehäuse befreien und

in dünne Längsschnitte schneiden. Diese von außen beginnend kreisförmig auf den vorgebackenen Boden legen. Nach Belieben die Rosinen oder Sultaninen darüber streuen. Den Guß nochmals durchrühren und gleichmäßig über die Früchte gießen.

7. Den Kuchen im Backofen (Mitte) 25–30 Minuten backen, bis er auf der Oberseite goldbraun ist.

Tips!

Beim Backen mit Dinkel kann man die benötigte Flüssigkeitsmenge nie genau angeben, da der Klebergehalt des Dinkels von Ernte zu Ernte variieren kann. Eventuell müssen Sie immer etwas mehr Flüssigkeit oder Mehl zugeben.
Anstelle von Wein oder Mineralwasser können Sie sehr gut auch Apfelsaft verwenden.

Für die französische Obsttarte mit Sahneguß können Sie jedes Obst, das Sie gerne mögen, verwenden. Sie wird Ihnen immer gut gelingen.

Rhabarber-kuchen

Dieser Kuchen schmeckt besonders gut, wenn er einen Tag durchgezogen ist. Eine köstliche Variante erhalten Sie, wenn Sie die Hälfte des Rhabarbers durch Erdbeeren ersetzen.

Zutaten für eine Springform
von 26 cm Ø:
Für den Teig:
100 g weiche Butter
100 g Zuckerrohrgranulat
je 1 Messerspitze Zimt- und
Nelkenpulver
1 Prise Salz
250 g Dinkel oder Weizen,
fein gemahlen
1 Teel. Backpulver
5–6 Eßl. (etwa 60 ccm)
Apfelsaft oder Sahne
1 Teel. abgeriebene
Zitronenschale
oder 5 Tropfen Zitronenöl
Für den Belag:
500–600 g Rhabarber
3 Eiweiß
1 Prise Salz
80–100 g Zuckerrohrgranulat
50 g Hafer, mittelgrob geschrotet
oder Vollkornhaferflocken
100 g Haselnüsse, fein gerieben
1/2 Teel. Zimtpulver
1 große Banane
Für die Form:
ungehärtetes Kokosfett oder Butter

Gelingt leicht

Bei 12 Stück pro Stück etwa:
1200 kJ/290 kcal
6 g Eiweiß · 13 g Fett
35 g Kohlenhydrate
5 g Ballaststoffe

• Zubereitungszeit: etwa 1 1/2 Stunden (davon 40–45 Minuten Backzeit)

1. Für den Teig die Butter mit dem Granulat, dem Zimt- und dem Nelkenpulver sowie dem Salz in 1–2 Minuten cremig rühren.

2. Das Mehl mit dem Backpulver vermischen, in die Schüssel geben und zusammen mit der Flüssigkeit und der Zitronenschale oder dem -öl in wenigen Sekunden zu einem geschmeidigen Rührteig verarbeiten.

3. Die Form fetten. Den Teig leicht zusammendrücken und in die Mitte der Form legen.

4. Für den Belag den Rhabarber waschen und abtropfen lassen. Die Stangen in 1–2 cm kurze Stücke schneiden (dicke Stengel vorher längs durchschneiden).

5. Den Backofen auf 190° vorheizen.

6. In einer mittelgroßen Rührschüssel für das Baiser die Eiweiße mit dem Salz steif schlagen, das Granulat nach und nach dazugeben und 2–3 Minuten weiterschlagen, bis die Masse dickschaumig ist. Den Hafer, die Haselnüsse und das Zimtpulver vorsichtig unter den Eischnee heben. Die Rhabarberstückchen untermengen.

7. Den Teig mit den Händen zu einem gleichmäßigen Boden ausdrücken und einen etwa 3 cm breiten Rand hochziehen. Die Banane schälen, in dünne Scheiben schneiden und auf dem Teig verteilen. Die Rhabarber-Baiser-Mischung daraufgleiten lassen und glattstreichen.

8. Den Kuchen im Backofen (Mitte) 40–45 Minuten (Umluft 175°, Gas Stufe 2 1/2) backen, bis die Oberfläche leicht gebräunt ist.

Tips!

Der Hafer in dem Baiser ist wichtig, damit der Rhabarbersaft, der beim Backen entsteht, aufgesaugt wird und den Kuchen nicht durchfeuchten kann.
Rhabarber muß man nur schälen, wenn die Stengel älter sind (Juniernte).

Das Hafer-Nuß-Baiser macht den Rhabarberkuchen besonders köstlich. Nach Belieben können Sie den Kuchen noch mit Wildpfeilwurzelmehl bestäuben.

Johannisbeer-kuchen

Dieser im Schwäbischen als »Träubleskuchen« bekannte und heißgeliebte Sommerkuchen schmeckt auch sehr gut, wenn Sie Johannis- und Stachelbeeren gemischt verwenden.

Zutaten für eine Springform

von 26 cm Ø:

Für den Teig:

50 g weiche Butter

70 g Zuckerrohrgranulat

1 Prise Salz · 1 Eigelb

200 g Dinkel oder Weizen,

fein gemahlen

1 Teel. Backpulver

2–3 Eßl. (etwa 30 ccm)

Apfelsaft oder Sahne

1 Teel. abgeriebene Zitronenschale

oder 5 Tropfen Zitronenöl

Für den Belag:

500 g rote Johannisbeeren

3 Eiweiß · 3 Eßl. heißes Wasser

1 Prise Salz

125 g Zuckerrohrgranulat

2 Eigelb

150 g Haselnüsse oder Mandeln,

frisch gerieben

1 Eßl. Rum oder Cointreau,

nach Belieben

Für die Form:

ungehärtetes Kokosfett oder Butter

Gelingt leicht

Bei 12 Stück pro Stück etwa:
1100 kJ/260 kcal
6 g Eiweiß · 13 g Fett
31 g Kohlenhydrate
4 g Ballaststoffe

- Zubereitungszeit: etwa
  1 1/2 Stunden (davon
  40–45 Minuten Backzeit)

1. Für den Teig die Butter mit dem Granulat, dem Salz und dem Eigelb in 1–2 Minuten cremig rühren.

2. Das Mehl mit dem Backpulver vermischen, in die Schüssel geben und zusammen mit der Flüssigkeit und der Zitronenschale oder dem -öl in wenigen Sekunden zu einem geschmeidigen Rührteig verarbeiten.

3. Die Form fetten. Den Teig in die Form geben und mit einem nassen Gummischaber oder mit nassen Händen in die Form streichen.

4. Für den Belag die Johannisbeeren gründlich waschen und abtropfen lassen. Die Beeren mit einer Gabel oder den Fingern von den Rispen streifen und in einem Sieb abtropfen lassen.

5. Den Backofen auf 190° vorheizen.

6. Für den Belag in einer mittelgroßen Rührschüssel die Eiweiße mit dem Wasser und dem Salz steif schlagen. Nach und nach das Granulat und die Eigelbe dazugeben und 2–3 Minuten weiterschlagen, bis die Masse dickschaumig ist. Die Nüsse oder Mandeln, die abgetropften Johannisbeeren und eventuell den Rum oder den Cointreau daraufgeben und mit einem Schneebesen vorsichtig unterheben. Die Baisermasse sofort auf den Teigboden gleiten lassen und glattstreichen.

7. Den Kuchen im Backofen (Mitte) 40–45 Minuten (Umluft 175°, Gas Stufe 2 1/2) bakken, bis die Oberfläche leicht gebräunt ist.

Tips!

Anstelle von Haselnüssen oder Mandeln können Sie auch Chufas-Nuß-Flocken verwenden, die im Naturkostladen und Reformhaus erhältlich sind. Chufas-Nuß-Flocken werden aus der Erdmandel hergestellt und haben einen natursüßen Geschmack, so daß Sie weniger Süßungsmittel verwenden können. Wenn Sie tiefgefrorene Johannisbeeren verwenden, dann rühren Sie 30–50 g mittelgrob geschroteten Hafer oder feine Haferflocken in das Baiser, damit der beim Auftauen austretende Saft aufgesaugt wird und den Kuchen nicht durchfeuchten kann.

Johannisbeeren in schaumiger Eier-Nuß-Masse auf Rührteig gebacken – immer wieder ein sommerlicher Renner!

Apfel-Walnuß-Kuchen

Diesen schnell bereiteten Quark-Öl-Butterteig können Sie auch sehr gut für andere Fruchtbeläge verwenden. Er schmeckt auch am nächsten Tag sehr gut.

Zutaten für eine Springform
von 26–28 cm Ø:
Für den Teig:
200 g Dinkel oder Weizen,
fein gemahlen
2 Teel. Backpulver
100 g Magerquark oder
Speisequark (20 %)
50 g weiche Butter
50 ccm (etwa 8 Eßl.) Öl
2 Eßl. Milch oder Sahne
20 g Zuckerrohrgranulat
oder Honig
1 Prise Salz
1 Messerspitze gemahlene Vanille
1 Teel. abgeriebene Zitronenschale
Für den Belag:
25 g ungeschwefelte Sultaninen
150 g Sahne · 1 Ei
1/4 Teel. Zimtpulver
1/4 Teel. gemahlene Vanille
1 Eßl. Rum nach Belieben
700 g säuerliche Äpfel
1 Teel. Zitronensaft
25 g Walnüsse
Für die Form:
ungehärtetes Kokosfett oder Butter

**Für Ungeübte
Braucht etwas Zeit**

Bei 12 Stück pro Stück etwa:
930 kJ/220 kcal
5 g Eiweiß · 14 g Fett
19 g Kohlenhydrate
3 g Ballaststoffe

• Zubereitungszeit: etwa 1 1/2 Stunden (davon 35–40 Minuten Backzeit)

1. Für den Teig das Mehl und das Backpulver in eine Rührschüssel geben und vermischen. Den Quark, die Butter, das Öl, die Milch oder die Sahne, das Granulat oder den Honig, das Salz, die Vanille und die Zitronenschale dazugeben.

2. Mit den Quirlen des Rührgeräts alle Zutaten in etwa 1 Minute zu einem geschmeidigen Teig verrühren. Den Teig zu einer Kugel formen und kühl stellen, bis der Belag zubereitet ist.

3. Für den Belag die Sultaninen in eine Schüssel geben und mit heißem Wasser überbrühen.

4. In einer kleinen Schüssel die Sahne mit dem Ei verquirlen. Mit dem Zimt und der Vanille würzen. Nach Belieben mit dem Rum aromatisieren.

5. Die Äpfel gründlich waschen, trockenreiben, vierteln, vom Kernhaus befreien und mit der Schale mittelgrob raspeln oder stifteln. Den Zitronensaft untermischen.

6. Die Nüsse entkernen. 12 Walnußhälften beiseite legen. Die restlichen Nußkerne mit den Fingern grob brechen und zu den Äpfeln geben. Die Sultaninen abgießen und unter die Äpfel mischen.

7. Den Backofen auf 190° vorheizen. Die Form leicht fetten.

8. Den Teig in die Mitte der Form legen und mit den Fingern zu einem Boden ausdrükken, dabei einen etwa 2 cm hohen Rand hochziehen.

9. Die Apfelmischung auf den Teigboden geben und glattstreichen. Die Walnußhälften kreisförmig auflegen. Die Sahne-Ei-Mischung gleichmäßig darüber gießen.

10. Den Kuchen im Backofen (Mitte) in 35–40 Minuten (Umluft 175°, Gas Stufe 2 1/2) goldbraun backen.

Quark-Öl-Teig wird mit Apfelraspeln, Walnüssen und Sultaninen bedeckt und mit Ei-Sahne übergossen. So gelingt der Apfel-Walnuß-Kuchen ganz leicht.

Himbeer-Biskuit

Zutaten für eine Springform
von 26 cm Ø:
Für den Teig:
3 Eiweiß
1 Prise Salz
6 Eßl. heißes Wasser
60–80 g Zuckerrohrgranulat
oder heller Honig
3 Eigelb
1/2 Teel. gemahlene Vanille
120 g Hirse oder Weizen,
sehr fein gemahlen
1/2 Teel. Backpulver, nach Belieben
1 Teel. abgeriebene Zitronenschale
oder 10 Tropfen Zitronenöl
Für den Belag:
400 g Himbeeren
Für den Guß:
1/4 l Obstsaft oder Wasser,
mit etwas Zitronensaft vermischt
1 Teel. Agar-Agar
1–2 Teel. Ahornsirup oder Honig,
je nach Süße der Früchte
Für die Form:
Backpapier oder ungehärtetes
Kokosfett oder Butter

Schnell

Bei 12 Stück pro Stück etwa:
360 kJ/90 kcal
3 g Eiweiß · 2 g Fett
14 g Kohlenhydrate
2 g Ballaststoffe

- Zubereitungszeit: etwa
  1 Stunde (davon
  25–30 Minuten Backzeit)

1. Den Boden der Form mit Backpapier auslegen oder sehr gründlich fetten. Den Backofen auf 180° vorheizen.

2. Die Eiweiße in einer schmalen Rührschüssel mit dem Salz und dem heißen Wasser mit den Quirlen des Rührgerätes in 2–3 Minuten zu steifem Schnee schlagen.

3. Nach und nach das Granulat oder den Honig sowie die Eigelbe und die Vanille unterrühren. Noch 1–2 Minuten schlagen, bis eine cremige Masse entstanden ist, in der Rührspuren sichtbar bleiben.

4. Das Mehl mit dem Backpulver vermischen. Das Mehl und die Zitronenschale oder das -öl auf die Schaummasse geben und mit dem Schneebesen vorsichtig unterheben.

5. Den Teig in die Form füllen, glattstreichen und im Backofen (Mitte) in 25–30 Minuten (Umluft 160°, Gas Stufe 2) backen. Dabei die Backofentür erst gegen Ende der Backzeit öffnen.

6. Den fertigen Kuchen noch 3–4 Minuten im abgeschalteten Backofen stehenlassen, danach herausnehmen und in der Form etwa 5 Minuten abkühlen lassen.

7. Den Rand des Kuchens mit einem scharfen Messer lösen und den Springformrand entfernen. Den Kuchen auf ein Kuchengitter stürzen und das Backpapier abziehen oder den Springformboden vorsichtig abheben. Den Boden auskühlen lassen.

8. Für den Belag die Himbeeren waschen, gut abtropfen lassen und dekorativ auf dem Kuchenboden verteilen.

9. Für den Guß die Flüssigkeit mit dem Agar-Agar und, wenn nötig, dem Ahornsirup oder dem Honig verrühren und 1–2 Minuten aufkochen lassen.

10. Den Guß leicht abkühlen lassen. Einen Tortenring beziehungsweise den Springformring auf den Rand des Kuchens setzen, den Guß gleichmäßig auf den Früchten verteilen und fest werden lassen.

Varianten:

Wenn Sie wenig Zeit haben, so können Sie beliebige Früchte wie Äpfel, Aprikosen oder Pfirsiche auch vor dem Backen in den Teig einlegen und mitbacken. Dann ist der Kuchen in etwa 40 Minuten fertig! Sie können den Kuchen auch gut mit Buchweizen backen.

Biskuitteig aus Hirse wird ganz hell – ein schöner Kontrast zu den Himbeeren. Aus Weizen gebacken, bekommt der Kuchen die bekannte appetitlich-braune Farbe.

Obstkuchen mit Frucht- gelee

Hier können Sie Ihrer Fantasie freien Lauf lassen beziehungs- weise Obst verwenden, das der Markt gerade bietet. Sie benötigen etwa 500 g ge- putztes Obst.

Zutaten für eine Springform
von 26 cm Ø:
125 g weiche Butter
100 g Zuckerrohrgranulat
1 Prise Salz
2 Eier
200 g Dinkel, fein gemahlen
1 Teel. Backpulver
3–4 Eßl. Apfelsaft oder Sahne
125 ccm Obstsaft
1 Teel. Agar-Agar
500 g Früchte in kleinen Stücken
Für die Form:
ungehärtetes Kokosfett

Für Ungeübte • Schnell

Bei 12 Stück pro Stück etwa:
830 kJ/200 kcal
4 g Eiweiß · 10 g Fett
24 g Kohlenhydrate
2 g Ballaststoffe

• Zubereitungszeit: etwa
  1 Stunde (davon
  30–35 Minuten Backzeit)

1. Die Butter mit dem Granulat und dem Salz in 1–2 Minuten cremig rühren. Die Eier nach und nach einrühren.

2. Das Mehl mit dem Backpul- ver vermischen, mit dem Apfel- saft oder der Sahne dazuge- ben und alles kurz verrühren.

3. Die Springform fetten. Den Backofen auf 190° vorheizen. Den Teig in die Form streichen und im Backofen (Mitte) 30–35 Minuten (Umluft 175°, Gas Stufe 2 1/2) backen.

4. Den Saft mit dem Agar- Agar in einem Topf verrühren, etwa 1 Minute leicht kochen lassen, dann beiseite stellen.

5. Die Früchte in den Guß rüh- ren, auf den fertigen Kuchen- boden häufen und den Guß erstarren lassen.

Pfirsichtarte

Zutaten für eine Springform
von 26 cm Ø:
100 g Dinkel oder Weizen,
fein gemahlen
60 g saure Sahne
60 g kalte Butter
2 große Pfirsiche
2 Eßl. Aprikosen- oder Quittengelee
1 Teel. Butter
20 g Mandelblättchen oder -stifte
1 Eßl. Zuckerrohrgranulat
Für die Form:
ungehärtetes Kokosfett oder Butter

Schnell • Für Ungeübte

Bei 12 Stück pro Stück etwa:
410 kJ/100 kcal
2 g Eiweiß · 6 g Fett
9 Kohlenhydrate
1 g Ballaststoffe

• Zubereitungszeit: etwa
  1 3/4 Stunden (davon
  45 Minuten Kühlzeit und
  30–35 Minuten Backzeit)

1. Das Mehl mit der sauren Sahne leicht verrühren. Die Butter in Stückchen darauf set- zen und alles zügig zu einem Teig verkneten (die Butter kann noch in kleinen Stückchen sicht- bar sein!). Den Teig zu einer Kugel formen und abgedeckt etwa 45 Minuten kühl stellen.

2. Inzwischen die Pfirsiche waschen und in schmale Schnitze schneiden. Die Form fetten. Den Teig hineingeben und mit den Fingern zu einem dünnen Boden ausdrücken.

3. Den Backofen auf 190° vorheizen. Den Teigboden mehrmals mit einer Gabel ein- stechen. Die Pfirsiche kreis- förmig auf den Boden legen.

4. Den Kuchen im Backofen (Mitte) 30–35 Minuten (Umluft 175°, Gas Stufe 2 1/2) backen.

5. Den Kuchen aus dem Back- ofen nehmen. Das Gelee auf die Pfirsiche streichen.

6. In einer Pfanne die Butter schmelzen lassen und die Mandeln darin goldbraun rösten. Das Granulat darüber streuen und gerade zerfließen lassen. Die Mandelmischung sofort über den Kuchen ver- teilen.

Bild oben: Pfirsichtarte
Bild unten:
Obstkuchen mit Fruchtgelee

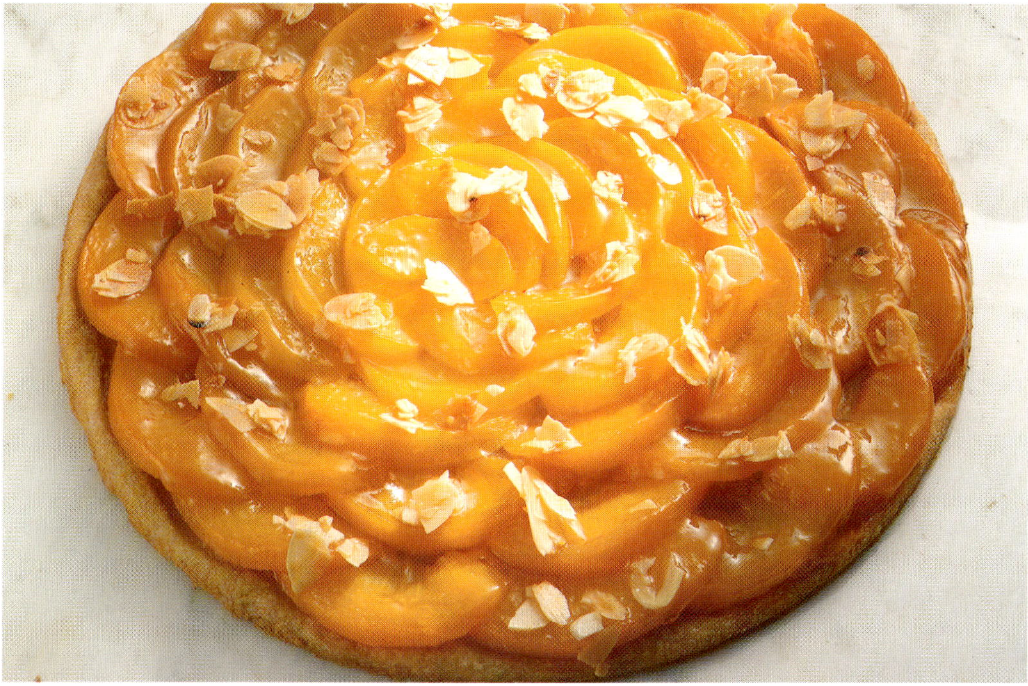

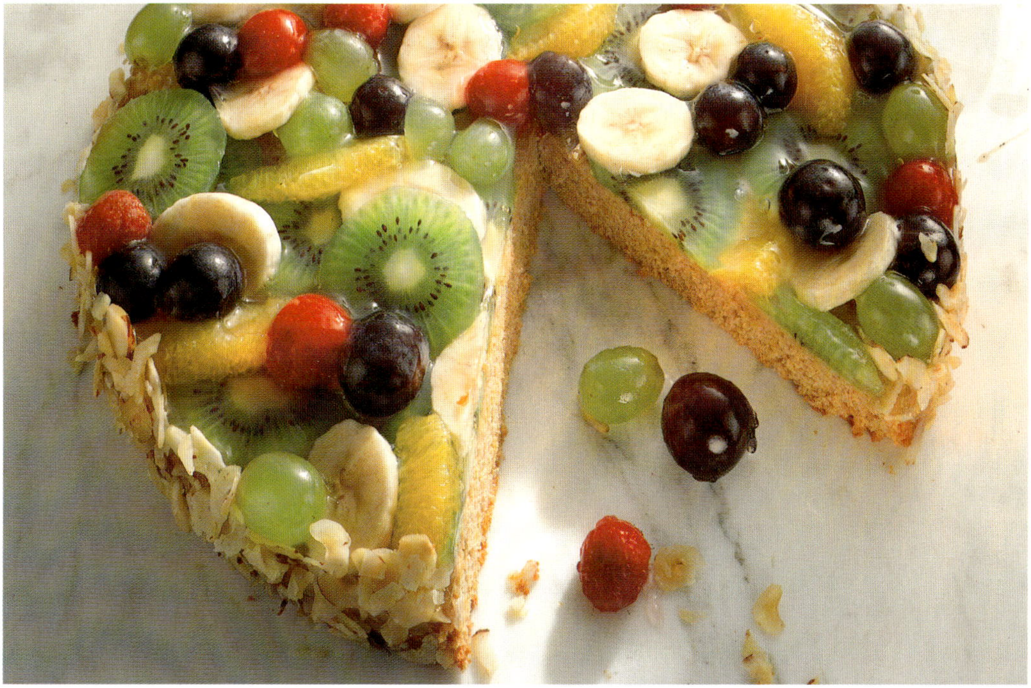

Nußbiskuit mit Erdbeercreme

Diesen blitzschnell bereiteten Biskuit können Sie auch nur mit geschlagener Sahne und frischen Früchten servieren.

Zutaten für eine Springform

von 26 cm Ø:

Für den Teig:

4 Eiweiß

8 Eßl. heißes Wasser

100 g Zuckerrohrgranulat

4 Eigelb

1 Eßl. Rum nach Belieben

2 Teel. abgeriebene Zitronenschale

200 g beliebige Nußkerne

(Haselnüsse, Walnüsse oder

Mandeln), frisch gerieben

1/2 Teel. Backpulver

Für die Creme:

3 Teel. gemahlene farblose

Gelatine

5 Eßl. Wasser

500 g Erdbeeren

100 g Magerquark

6–8 Teel. Zuckerrohrgranulat,

je nach Süße der Früchte

2–4 Teel. Zitronensaft,

je nach Säure der Früchte

200 g Sahne

Für die Form:

2–3 Eßl. Mandelblättchen

oder gepuffte Amaranthsamen

Zum Verzieren:

einige Minze- oder

Zitronenmelisseblättchen

Gelingt leicht • Raffiniert

Bei 12 Stück pro Stück etwa:
1100 kJ/260 kcal
8 g Eiweiß · 19 g Fett
16 g Kohlenhydrate
2 g Ballaststoffe

• Zubereitungszeit: etwa 1 1/2 Stunden (davon 25–30 Minuten Backzeit)

1. Den Boden der Form mit den Mandelblättchen oder den Samen gründlich ausstreuen, so daß der gesamte Boden bedeckt ist. Den Backofen auf 180° vorheizen.

2. Für den Teig die Eiweiße mit dem Wasser in 1–2 Minuten mit den Quirlen des Rührgeräts steif schlagen.

3. Das Granulat und nach und nach die Eigelbe unterrühren und noch etwa 1 Minute weiterschlagen, bis eine feste Masse entstanden ist, in der Rührspuren sichtbar bleiben.

4. Den Rum nach Belieben, die Zitronenschale, die Nüsse und das Backpulver auf die Schaummasse geben und mit dem Schneebesen vorsichtig unterheben. Die Masse in die Form füllen und glattstreichen.

5. Den Biskuit im Backofen (unten) in 25–30 Minuten (Umluft 160°, Gas Stufe 2) goldbraun backen.

6. Inzwischen für die Creme die Gelatine mit dem Wasser in einen kleinen Topf geben und quellen lassen.

7. Die Erdbeeren waschen, entkelchen und etwa ein Drittel der Früchte zum Garnieren beiseite legen. Den Rest in einen schmalen Mixbecher geben und mit dem Pürierstab pürieren oder mit der Gabel zerdrücken.

8. Den Quark, das Granulat und den Zitronensaft in das Fruchtpüree einrühren und abschmecken.

9. Den Topf mit der Gelatine auf die Kochplatte stellen. Die Gelatine bei schwacher bis mittlerer Hitze auflösen.

10. Die gelöste Gelatine sofort in kleinen Tropfen mit dem Rührgerät in die Erdbeercreme einrühren. Die Creme etwa 15 Minuten kühl stellen, bis der Kuchen abgekühlt ist.

11. Den fertigen Kuchen aus der Springform lösen, stürzen und auskühlen lassen.

12. Die Sahne steif schlagen und unter die Creme ziehen. Wenn die Creme streichfest ist, diese auf den Kuchen streichen und mit den zurückgelegten Früchten und den Minze- oder Zitronenmelisseblättchen garnieren. Perfekt wird es, wenn Sie dazu einen Tortenring um den Kuchen spannen und darin die Creme erstarren lassen.

Statt Mehl werden für den Nußbiskuit nur geriebene Nüsse verwendet. Eine feine Creme aus Quark, Sahne und Erdbeeren wird auf den gebackenen Boden gestrichen.

Biskuitrolle mit Sahne und Früchten

Sie können den Teig auch mit Dinkel oder Hirse zubereiten.

Zutaten für ein Backblech:

Für den Teig:

4 Eiweiß

1 Prise Salz

8 Eßl. heißes Wasser

125 g Zuckerrohrgranulat

oder 150 g heller Honig

4 Eigelb

150 g Weizen oder Buchweizen,

sehr fein gemahlen

1/2 Teel. Backpulver

1 Eßl. Rum nach Belieben

1 Teel. abgeriebene Zitronenschale

oder 10 Tropfen Zitronenöl

Für die Füllung:

500–600 g saftige, weiche

Früchte der Saison, zum Beispiel

Erdbeeren, Himbeeren, Heidel-

beeren, Orangen, Mandarinen,

Ananas oder Kiwis

400 g Sahne

1–2 Eßl. Ahornsirup oder

Honig nach Belieben

Für das Blech:

Backpapier

Schnell

Bei 12 Stück pro Stück etwa:
950 kJ/230 kcal
5 g Eiweiß · 13 g Fett
22 g Kohlenhydrate
2 g Ballaststoffe

- Zubereitungszeit: etwa
  1 Stunde (davon
  10–15 Minuten Backzeit)

1. Das Blech mit Backpapier auslegen. Das Papier dabei kreuzweise knicken, damit es flach liegenbleibt. Den Backofen auf 200° vorheizen.

2. Die Eiweiße mit dem Salz und dem Wasser zu steifem Schnee schlagen. Nach und nach das Granulat oder den Honig sowie die Eigelbe unterrühren. Noch 1–2 Minuten schlagen, bis eine feste, cremige Masse entstanden ist, in der Rührspuren sichtbar bleiben.

3. Das Mehl mit dem Backpulver vermischen. Das Mehl, nach Belieben den Rum und die Zitronenschale oder das -öl auf die Schaummasse geben und mit dem Schneebesen vorsichtig unterheben.

4. Die Biskuitmasse gleichmäßig auf das Blech streichen und im Backofen (Mitte) in 10–15 Minuten (Umluft 170°, Gas Stufe 2 1/2) goldbraun backen. (Die Teigplatte soll an der Oberfläche trocken und an den Rändern noch weich sein. Sie ist richtig, wenn die Oberfläche auf Druck elastisch nachgibt).

5. Auf der Arbeitsfläche ein Stück Pergamentpapier in der Größe der Teigplatte auslegen. Die gebackene Teigplatte an den Rändern vom Blech lösen, auf das Papier stürzen und mit dem Blech bedeckt auskühlen lassen.

6. Inzwischen für die Füllung die Früchte vorbereiten und kleinschneiden. Eventuell 12 schöne Früchte für die Garnierung zurückbehalten. Die Sahne steif schlagen. 3–4 Eßlöffel in eine Tortenspritze füllen und in den Kühlschrank legen. Je nach Obstsorte die restliche Sahne mit dem Ahornsirup oder dem Honig süßen.

7. Das Blech abnehmen und das Papier abziehen. Die Sahne auf den Teig streichen, die Früchte darauf verteilen und leicht eindrücken. Das Papier anheben, die Platte aufrollen und die Rolle mit der »Nahtstelle« nach unten auf eine Kuchenplatte legen.

8. Die Rolle mit der restlichen Sahne und den zurückbehalten Früchten garnieren.

Varianten:
Sie können den Teig durch Zugabe von 2 Eßlöffeln Carob- oder Kakaopulver dunkel färben. Für die Füllung können Sie die Hälfte der Sahne auch durch Quark oder Mascarpone ersetzen. Die Früchte können Sie auch pürieren und nach Belieben mit etwas Likör in die Sahne oder Creme einrühren.

Tips!

Sie können den Biskuitteig auch mit getrennten Massen herstellen: Zuerst die Eigelbe mit dem Wasser und dem Zuckerrohrgranulat verrühren. Den Eischnee und das Mehl zum Schluß vorsichtig unterheben.
Bei Biskuitteigen die Backofentür immer erst gegen Ende der Backzeit öffnen, wenn das Teiggerüst stabil ist.

Trauben-kuchen mit Mascarpone-creme

Genauso schön wird der Kuchen auch mit anderen sommersüßen Früchten.

Zutaten für eine Springform
von 26 cm Ø:

Für den Teig:

80 g weiche Butter

50 g Zuckerrohrgranulat
oder 60 g heller Honig

1 Prise Salz

1 Ei

50 g Haselnüsse oder Mandeln,
frisch gerieben

1 Teel. abgeriebene Zitronenschale
oder 5 Tropfen Zitronenöl

150 g Dinkel oder Weizen,
fein gemahlen

Für den Belag:

250 g süße blaue Weintrauben

250 g süße grüne Weintrauben

1/4 l Milch

1 Teel. Agar-Agar oder

3 Blatt Gelatine

250 g Mascarpone

1/2 Teel. gemahlene Vanille

1–2 Teel. Zuckerrohrgranulat oder
heller Honig nach Belieben

50 g Mandelblättchen

Für die Form:

ungehärtetes Kokosfett oder Butter

Raffiniert

Bei 12 Stück pro Stück etwa:
1200 kJ/290 kcal
7 g Eiweiß · 18 g Fett
22 g Kohlenhydrate
3 g Ballaststoffe

• Zubereitungszeit: etwa 2 1/2–3 1/2 Stunden (davon 15–20 Minuten Backzeit und 1–2 Stunden Kühlzeit)

1. Für den Teig mit den Quirlen des Rührgeräts die Butter mit dem Granulat oder dem Honig und dem Salz in 1–2 Minuten cremig rühren. Das Ei einrühren und die Masse noch 1–2 Minuten weiterrühren.

2. Die Nüsse oder die Mandeln, die Zitronenschale oder das -öl und das Mehl dazugeben und alles in wenigen Sekunden zu einem geschmeidigen Teig verrühren.

3. Die Form fetten und den Backofen auf 190° vorheizen.

4. Den Teig in die Form geben und zu einem gleichmäßigen Boden ausdrücken, dabei mit den Fingerspitzen einen 2–3 cm hohen Rand formen.

5. Den Boden im Backofen (Mitte) in 15–20 Minuten (Umluft 175°, Gas Stufe 2 1/2) mittelbraun backen.

6. Den Boden kurz in der Form abkühlen lassen. Danach auf ein Kuchengitter heben und abkühlen lassen.

7. Inzwischen für den Belag die Trauben waschen und abtropfen lassen, nach Belieben mit einem spitzen scharfen Messer entkernen. Die Milch mit dem Agar-Agar in einen kleinen Topf geben und unter gelegentlichem Rühren 2–3 Minuten kochen lassen. Oder

die Gelatine etwa 5 Minuten in kaltem Wasser einweichen. Die Milch erhitzen und die ausgedrückte Gelatine darin auflösen.

8. Die Milch mit dem Agar-Agar oder der Gelatine etwa 15 Minuten kühl stellen, dann den Mascarpone und die Vanille einrühren und die Masse nach Belieben süßen.

9. Die Mascarponecreme bis auf einen kleinen Rest auf den ausgekühlten Boden streichen. Die Trauben darauf setzen und leicht in die Creme eindrücken. Die restliche Creme auf den Kuchenrand streichen.

10. Die Mandeln in einer trockenen Metallpfanne unter ständigem Wenden goldbraun rösten, abkühlen lassen und auf den Kuchenrand drücken.

11. Den Kuchen abgedeckt 1–2 Stunden kühl stellen.

Der Belag aus Weintrauben und einer festen Mascarponecreme muß gut auskühlen, deshalb sollten Sie für den Traubenkuchen genug Zeit einplanen.

Zum Gebrauch

Damit Sie Rezepte mit bestimmten Zutaten noch schneller finden können, stehen in diesem Register zusätzlich auch beliebte Zutaten wie Äpfel oder Nüsse – ebenfalls alphabetisch geordnet und halbfett gedruckt – über den entsprechenden Rezepten.

REZEPT- UND SACHREGISTER

IMPRESSUM

Umschlag-Vorderseite:
Obsttarte mit Sahneguß.
Das Rezept finden Sie auf
Seite 44.

Die Deutsche Bibliothek –
CIP-Einheitsaufnahme
Lieblingskuchen aus Vollkorn-
mehl: von Hefezopf bis Pfirsich-
tarte; mit Tips für gutes Gelin-
gen; jedes Rezept in Farbe /
Johanna Handschmann. (Die
Farbfotos gestalteten Odette
Teubner und Kerstin Mosny).
– 2. Aufl. – München:
Gräfe und Unzer, 1993.
(GU-Küchen-Ratgeber)
ISBN 3-7742-1176-0
NE. Handschmann, Johanna;
Teubner, Odette

2. Auflage 1993
© Gräfe und Unzer GmbH,
München.
Redaktion:
Adelheid Schmidt-Thomé
Layout: Ludwig Kaiser
Gesamtherstellung: BuchHaus.
Kraxenberger. Gigler. GmbH
Fotos: Odette Teubner,
Kerstin Mosny
Reproduktionen: Greineder,
München
Druck: Appl, Wemding
Bindung: R. Oldenbourg
ISBN: 3-7742-1176-0

Wichtiger Hinweis

Kaufen Sie möglichst nur gerei-
nigtes Getreide. Denn Schmutz
und Unkrautsamen (vor allem
Samen der giftigen Kornrade)
dürfen nicht enthalten sein.
Das gleiche gilt für das heute
wieder häufiger auftretende
Mutterkorn, das vor allem den
Roggen befällt. Es ist ein deut-
lich erkennbares, schwärzli-
ches und meist stark vergrößer-
tes Korn. In größeren Mengen
verzehrt ruft Mutterkorn lebens-
gefährliche Vergiftungserschei-
nungen hervor. Nach einer
EG-Richtlinie ist im Getreide
allerdings ein Gehalt an
Mutterkorn von maximal
0,05 % erlaubt. Das entspricht
etwa 3 Körnern in 200 g
Getreide. Wenn Ihr Händler
Ihnen bestätigt, daß das Korn
durch eine Reinigungsanlage
gelaufen ist, können Sie sicher
sein, daß es keine Rückstände
enthält.

Johanna Handschmann

stammt aus Rippberg im
Odenwald. Nach dem Abitur
studierte sie neben anderen
Fächern Hauswirtschaft in
Karlsruhe. In Lehrerfortbildungs-
kursen und in Kochkursen an
Volkshochschulen überzeugte
sie viele Menschen von den
Vorzügen der Vollwertkost und
der Schmackhaftigkeit ihrer
Gerichte. Johanna Handsch-
mann lebt heute am Bodensee
und widmet sich dort der
Kreation und Erprobung von
Vollwertrezepten.

Odette Teubner

wurde durch ihren Vater, den
international bekannten Food-
Fotografen Christian Teubner
ausgebildet. Anschließend
widmete sie sich einige Mona-
te der Modefotografie. Heute
arbeitet sie ausschließlich im
Studio für Lebensmittelfotogra-
fie Teubner. In ihrer Freizeit ist
sie begeisterte Kinderporträ-
tistin – mit dem eigenen Sohn
als Modell.

Kerstin Mosny

besuchte eine Fachhochschule
für Fotografie in der französi-
schen Schweiz. Danach arbei-
tete sie als Assistentin bei verschiedenen Fotografen, unter
anderem bei dem Food-Foto-
grafen Jürgen Tapprich in Zü-
rich. Seit März 1985 arbeitet
sie im Fotostudio Teubner.